占《ウラナイ》の文化誌

ウラ世界の不思議

Keiko Tanaki
棚木恵子 著

三弥井書店

占《ウラナイ》の文化誌　目次

I 占とウラの世界

オモテの世界は目に見えないウラの世界に支えられ、また影響を受けつつ存在している。ウラナイは、このようなウラの世界へ接近し、その消息を知るための手段としておこった。

1、2ではウラの世界のあらわれとウラナイの原義について見ていく。

ウラの世界の情報を得るための方法には技術技法によるものと、それらによらず直接ウラと対話するものとの二種の別がある。3では技術系の占の歴史を辿り、4ではウラとの対話による占の、近代の例についてのべる。5ではウラと直接対話する能力が、占ではなく文学として結実した例をとりあげていく。

1 はじめに　運命はあるのか―詩歌の中から

「運命」と言われるものは本当にあるのだろうか。そもそも運命とは何を指す言葉なのか。辞書を引くと「運命」はだいたい次のように説明されている。

運命とは人間の意志にかかわりなく身の上にめぐってくる吉凶禍福。それらをもたらす人間の力を超えた作用のことである。人生は天の命によって支配されているという思想に基づく。めぐりあわせ。転じて、将来のなりゆき。（広辞苑）

この世はその時々に突発的に起こる偶然の事象から構成されているのではない。人間を超えたところで決定された出来事とともにあるのだ、という認識が運命観の基底には存在していることがわかる。

それらに基づく「予定された未来」を指すのが運命という言葉であろう。

では一般に人が「運命」という言葉から連想する出来事で、一番重いものは何だろう。

それは死ではないだろうか。誰にとっても、どのような生き方をしたとしても死によって個人の人生そのものは無くなってしまう。それなのに自死以外は人が死の時期を決めることが不可能である。夭折や逆縁、事故や難病による死はそうそう珍しいことではない。世間並みの長寿に恵まれた人生の後に死を迎えることは、仕方のないこととして受け入れられる。しかし早すぎる死や思いがけない死は、関わりのある人にとっては、偶然のこととして処理するにはなお余りある悲痛な出来事である。

こうしたことを、例えば家族や友人が「寿命だから仕方のないことなのだ」と時間の経過とともに受け入れるのは、多くの人が体験するところであろう。このようなときに用いる「寿命」は、運命として定められた人生の長さを指すのであり、死という受け入れ難いことが起こってしまったとき、それを受け入れるための手段の一つが、こうした「運命」を用いた受け取り方なのだ。

この手段は、自分が自分を納得させるための一種の操作である（無論、喪失を乗り越えるための心理プロセスである一連の「喪の作業」の中では重視されるが）。操作である以上、間接的なものであって、死と直接向き合った体験ではない。だから真の意味の運命の体験とは言えないだろう。

では、それらに直面した当の本人にとってはどうなのだろうか。短詩型文学作品を例にみてみたい。

無論人生の長さはあらかじめ運命によって決まっているかもしれないということと、それを感じとること、さらに表現するということの間にはそれぞれ次元に差がある。したがってこれを一律に論じることはできない。しかし言語表現から運命の予感へ、さらにその背後に控える運命そのものの想定へと、読み手を誘う作品が存在する。

此秋は何で年よる雲に鳥

松尾芭蕉　『芭蕉翁追善之日記』

今年の秋はどうしてこんなに身の衰えを感じるのだろうか。はるかな雲の間に入っていく鳥を見るにつけても。

芭蕉は元禄七（一六九四）年十月十二日に死ぬが、これは寝込む前の九月二十六日、清水に遊吟した時の作である。「雲に鳥」は特に思いを潜めたもので、この下五文字に芭蕉は腸をさかれたとある。「雲に鳥」は春の季語で北へ帰る雁のことを意味する。しかし「この秋」とある初句と矛盾するために、ここは帰雁でない秋の雲に入る鳥、とみて雲や鳥から漂泊の情を読み取り、望郷の想いを感じとるのが通常の解釈となっている。

しかし、そのまま自然に読めば、芭蕉は死の床に伏す直前に、言語を媒介にして帰雁の幻を呼びよせ、これを見たのである。大自然のリズムに乗り彼方からやって来ては再び彼方へ去っていく帰鳥は、ここでは魂（命）の象徴となっている。

人の誕生と死の間に営まれる人生は、魂が遠方よりやって来ては、かりそめの時を過ごし、やがて魂の故郷へ帰りゆくプロセスである。幻の中で魂（命）が雲間に去り見えなくなる。これは既に我が身から魂（命）が離脱してしまった状態であり、これをじっと見つめている作者は、とりもなおさず自らの死を心の目でまなざしているのだと考えられる。したがってこれは死の予兆の句と読めるのではないだろうか。

しかし、また別の見方もある。芭蕉は五十歳で病を得て死んだ。当時の五十歳は若いわけではないので、この句に見た芭蕉の魂の帰還のイメージは、死の予兆ではなくて単なる死の予測、それも生理的不調にもとづくごく当たり前のものにすぎない、と見ることも当然できるだろう。だが、健康であり若さの盛りにいる人、つまり死ぬことからは遠いはずの人にも死の予感が生じることがある。

藤の花今をさかりと咲きつれど
船いそがれて見返りもせず
坂本龍馬　『坂本龍馬全集』

三十二歳で暗殺された龍馬の作品である。
大岡信は『第六折々のうた』に「夭折した革命家の自画像のようにもみえる」と記しているが、

よい読みだと思う。今を盛りと咲き誇っている藤の花はおのずから作者の命の象徴になっている。しかしこれを見返り愛で惜しむことをせずに、ひたすら先へと急ぐ。「船いそがれて」の表現には、船足とともに何かにせきたてられるようにして生き急ぐ龍馬の姿が二重写しに浮かぶ。彼を乗せて急ぎ下り行く船は運命、そして彼をせきたてているものは運命の予感であるかのように読め、あたかも彼の短い人生の予兆のような作品となっている。

くさむらへ草の影射す日のひかり
とほからず死はすべてとならむ
　　小野茂樹　『黄金記憶』

作者は昭和四十五（一九七〇）年、深夜のタクシーで帰宅途中に三十三歳で交通事故死した小野茂樹である。死の予感がうかがえる一首として、自分の死の予兆の歌のようにも読まれている作品である。

草むらに日が射す。光の部分と影の部分が生じる。その濃い日ざしが突然「死」につながり、それは「とほからず」やって来て「すべて」を覆い尽くす、という。

一般的に言って日ざしの強さと「死」には何の脈絡もない。夏の強烈な日差しの織りなすくっきりとした光と影には、盛んな命の営みの感覚がある。しかし作者の心の焦点は、影の部分に自動的に合ってしまい、あらがい難く陰の世界に引きずり込まれてしまっている。その結果下の句が生じたのであろう。このプロセスは無意識的なものだが、無意識の中に布置された「死」の力があまりにも強力なため、「確信」にまでせり上がっている。だから「すべてとならむ」は単なる推量を超えて「宣告」になっている。

作品は若さのただ中（日のひかり）の死（影）を予感あるいは予告した歌と読めてしまうのだ。見てきたように詩人たちは彼らの身の上にやがて訪れる近未来を（無意識的にも）察知しているかのような作品を残している。このような作品をみると、人の人生にはあらかじめ運命として予定された未来（その最大のものとしての死を含めて）が組み込まれているようにもみえる。

再びはじめの問いに戻ってみよう。運命や未来はあらかじめ設定されているのだろうか。仮に設定されている、と考えたとき、人は時にそれを知りたいと思う欲望を持つことがある。詩人は無意識に未来を察知したが、しかし一般の我々は、詩人の鋭い感性を持ち合わせていない。直観力の希薄な我々が、運命や未来や未知の世界を知るためには何らかの助けが必要であり、そのために頼る方法の一つが占いである。

参考文献

大岡信『第六折々のうた』岩波新書　一九八七　岩波書店

2 うらないの原義

卜と占

では、この未知の世界を知るためのワザの一つである「うらない」の原義とは何であろうか。古訓を求めて平安末期の漢和辞書である『名義抄』をみると、観智院本には「卜」にウラナフ・シムの訓が記されている。同じく「占」の字にウラ・ウラナフ・シム・シメス・ワキマフの訓がみられる。つまり漢字の「卜」や「占」がうら、うらなうと訓じられているのであり、うらなうは「うら」が動詞化したもの、うらないはその名詞形である。

卜の漢字としての象形の意味は、亀の甲を焼いてうらなった時に、その表面に生じたひび割れの形を描いたもの、といわれる。そこから物のきざしから人事の吉凶を考える、またうらないごとの意が生じた。さらには表面に出た何らかの兆候を手がかりにして事態を察しうかがうことや、事前に予知することも含むようになった。

占は卜＋口の会意文字である。この口は口《くち》ではなくて物や場所を示す記号であり、したがって占は卜《うらない》によって一つの場所やものを決めることである。字義からすると同じうらないでも、占は卜に比べて、うらないの結果の決定を含む、より限定的な意味を与えられている。しかしわが国の古代の用例をみると、記紀には卜と占の使い分けはなされてはいない。

一　尓《しか》して、天つ神之命以ちて布斗麻迩尓卜相へ而詔之らさく　　（『古事記』上巻）

二　時に天神、太占を以て卜合ふ（『日本書紀』神代上第四段）

三　天ノ香山之真男鹿之肩を内抜きに抜き而《て》、天ノ香山之天之波ゝ迦を取り而《て》、占合ひ麻迦那波令メ而《テ》（『古事記』上巻）

四　布斗摩迩ゝ占相へ而《テ》、何れノ神之心ソト求ムルニ尓《ソ》ノ祟は、出雲大神之御心なりき。（中略）誰人《たれそ》副へ令メ者《ば》吉ケムトしき。尓《しか》して、曙立王卜食《うらにあ》へリ（『古事記』中巻垂仁）

一字一音で記された布斗麻迩《フトマニ》とは太占のことである。一と二はイザナギ・イザナミの結婚、三は天岩戸、四は発語しない皇子の病の原因がいかなる神の祟によるのかを解明していく場面であるが、これらの四例はいずれも太占に関わっている。太占とは例三にみられるように、鹿の肩甲骨を抜き出して焼いてうらなう方法のことである。『魏志倭人伝』には「骨を灼きて卜し、以て吉凶を占い、先づ卜する所を告ぐ、其辞は令亀の法の如く、火坼を見て兆を占う」とあるので、すでに三世紀には行われていたらしい。亀の甲を焼く亀卜は渡来の占法であるが、それ以前にはこうした古代卜占が行われていた。この「フトマニ」という一つの占い法に対し、例に見る如く卜、占がともに使われているのである。

また、漢字の用字とうらないの具体的方法の対応は、厳密ではない。

五　意はざりき、今朕が世に当りて、数災害有らむことを。恐るらくは、朝に善政無くして、咎を神祇に取らむや。盍《なん》ぞ命神亀へて、災を致す所由を極めざらむとのたまふ。是に天皇、乃ち神浅茅原に幸して、八十萬の神たちを會へて、卜問ふ。是の時に、神明倭迹迹《カミヤマトトト》日百襲姫《ビモモソヒメ》命に憑りて曰はく、

（『日本書紀』崇神天皇七年二月）

「命神亀」は、大系本には熱田本日本書紀の注によって「ウラフ」と訓じられている。しかし「卜問」いの具体的方法はカミヤマトトトビモモソヒメの憑依による託宣なのだから、本来亀卜を表すはずの漢字表記「命神亀」はすでに実体を離れた文飾になっている。「亀」の字があっても亀卜とは断定できないのである。本来骨卜を意味していたフトマニも、平安朝の記録では亀卜と混同されている。

六　四国の卜部等、太兆《ふとまに》の卜事をもちて仕へまつりて

（「中臣壽詞」）

祝詞に用いられている太兆は、骨卜ではなくて亀卜である。六の祝詞の例は近衛天皇の大嘗祭に大中臣によって唱えられたもので、藤原頼長の日記『台記』の別記記載のものである。卜部が亀卜を行うことは、『令義解』に記されている。『令義解』の巻一職員令第二の神祇官条には、神

祇伯の職掌として卜兆があげられている。その解説である義解部分に

七　卜者。灼レ亀也。兆者。灼亀縦横之文也。凡灼レ亀占二吉凶一者。是卜部之執業。

（『令義解』）

とある。「太兆」とあっても、フトマニは既に亀甲を灼く占となっているのである。見てきたように、「うらない」に関する記紀や祝詞に使われる漢字は、その実体や具体に対して厳密に用いられてはいない。ここから「うらない」の語の深層を探ることは困難なので、ひとまず占、卜（およびその具体的方法である亀・骨卜など）から離れて、「うら」「うらない」の意味を、和語の語義から考えていきたい。

和語の「うら」

再び『名義抄』をみると、ウラの訓は「占」に加えて「裏・底」に与えられている。十世紀に作られた分類体の漢和辞書『和名抄』には「裏―宇良衣内也」とある。『和名抄』の例は衣類に限定しているが、「ウラ」は要するに内側、なか、こもっているもの、隠れているものの意味である。裏はさらに人の「心」の意味を持つ。人間存在を内側と外側に分ければ、内側（「ウラ」）は無論心的部分だから、「心」はウラとなる。

「橡《つるはみ》の一重の衣裏もなくあるらむ児ゆゑ恋ひわたるかも」（『万葉集』二九六八）にみられる「うらもなく」は、単衣には裏地がない意であるが、恋人の心的状態である無心な意を表す「うらもなく」を呼び出していく。『和漢朗詠集』には「心の裏」（五八三）、『古今集』には「心の占《うら》」（七〇〇）の用例がある。心の裏を知るための占、の意である。ちなみに心の意味で用いられる文字表記には裏のほかに底があり、他に奥、根、下等がある。「奥」は時空を距てる意の「置く」にかかわる語であろうが、すべて現在地点からみて距離があり、遠く目に触れにくい意味を含んでいる。

「うらない」の原義はこうした裏、あるいは心に出会う術をいうのであろう。要するに「うらにあう」のである。記紀の用例では「卜合」「占相」「卜食」と記されていた。のべたように卜と占の書き分けはみられなかったのであるが、それらに下接する合、相、食は「うらない」を考える上で参考になる。それぞれ「アフ」意味である。無論具体的には卜や占に当たった、もしくは占象（占状、占にあらわれたかたち）に出た、の意味であるが、基本の原理は裏に潜んでいるものに出会う、という点にあるだろう。四の例では、どの神の心により祟がなされているのかを「占相」によって明らかにしようとしていた。

うらないによって明らかにしたいもの、それは裏であり、遠く距って見えないものであり、他者の心であり、神の心でさえあった。

この「うら」に類似した「うら」を含む語に「うらはひ（兆）」がある。

八　天皇、既にして夢の辞を以て吉兆《よきうらはひ》なりと爲《おも》ひたまふ

（『日本書紀』神武天皇即位前紀戊午年九月）

「兆」は『名義抄』では「キザス」と訓じられる。もとは骨卜や亀卜のひび割れの形を描いた象形文字である。先に引用した七の『令義解』にもそれは認められる。『令集解』巻二職員令には

九　灼レ亀為レ卜。灼験為レ兆也。

（『令集解』）

また同じく『令集解』の引く別記には

十　卜者焼二亀甲一也。兆者焼效験。

（『令集解』）

とある。験は『名義抄』に「カムカフ、シルシ、ミルニ」と訓されている。ためすこと、ため

した結果としてあらわれたもの、きざし、兆候の意味である。效（効）験は、ためした結果としてあらわれたききめのことである。これらを総合すると「兆」は亀甲を焼き、そのひび（占状）によって吉凶を占い神の意志を知ること、と解釈される。しかし神武紀の例八では「夢の辞」と記されているのだから「兆」は亀甲焼きではなく夢占についてのものである。したがって「うらはう」はトと離してもその意味を問われなければならない。

「うらはひ」の「はひ」は「這ひ」の意味である。うらが蔓延しているさまを言うのであろう。例八は神武天皇が敵に囲まれて進退不能にまで追い込まれたとき、この状況打開のために夢で神に具体的な方策を教えてもらおうと試みた結果みごとに望みの夢を得られた場面である。

この、神の夢告が「吉きうらはひ」であると示される。人には察知不能の、神の意志が充満した奥深い情報の謂である。

以上から、うら、うらなふ、うらはふは、すべて隠れているものを明らかにし、また隠れているものの状態をいう語であるということが推察されよう。

この、ウラと対立しつつも対応するのが、いうまでもなくオモテである。オモテは表、面。表は『和名抄』、『名義抄』にウヘ、図書寮本『名義抄』にはアラハルの訓が加わる。面には『名義抄』にアキラカニ、オモテ、オモムク、マノアタリ等の訓がみられる。つまり「オモテ」である表、面は、表面に明らかにあらわれたもの、上に見えるもの、目でとらえて見ることができるもののことである。隠れ潜んでいるウラとオモテとの間には何らかの相補的なかかわりがあると思われるが、占をめぐるウラとオモテの関係については、小松和彦に論がある。

小松はウラをまず空間軸上に現れるものと時間軸上のものに分け、さらに空間軸上のものを相対的なものと絶対的なものに分類した。その上でそこに含まれないもう一つのウラの領域を人の心の内側にみた。そして「占」とはそれらの隠された領域＝「ウラ」のことがらを特別な方法で知ることである、とのべている。ではなぜウラの世界は解明されなければならないのか。それはオモテの世界がウラの世界から影響をうけているから、と続け、「占」は本来ウラからの悪影響や予定された悪い未来を避けたり無害化するための呪術を含んでいる、とみる。占をオモテとウラの関係から説き、占をめぐる世界の全体構造にまで言及したすぐれた論である。小松の論をさらに広げて考えてみよう。

ではなぜオモテはウラからの影響を受けると考えられたのか。それはオモテが安定し完結した世界ではなく、広大にして圧倒的に強大なウラの世界に支えられて存在する、という世界観によるものと思われる。まるで意識と無意識の関係のように、両者には力の差があるために、オモテは一方的にウラの浸食を受け続けるのである。

このような構図の中で、占を成り立たせている条件は何か、といえばそれは「知りたい」という願望や欲望である。占は単なるウラの示顕とは異なり、「知りたい」と願うウラの世界が示されるのでないと成立しない。ウラの世界の浸食の状況、および願望が占を形成していくさまを次にみていきたい。

『遠野物語』にみるウラの世界とそのあらわれ

資料にするのは『遠野物語』である。明治四十三年の作品であるが、柳田自身が「宛然として古風土記をよむがごとし」と注に記しているように、近代化以前の村落の精神生活を伝えるものとして高い資料的価値を持っているのでこれをとり上げる（なお一話ごとに番号が記されているのでこれを示した）。

五五、五六話では、川童が人と通婚して生まれた川童の子の始末が語られている。

五五（娘のもとに夜々男が通ってくるという噂が立った。やがてその男は）川童なるべしという評判だんだん高くなりたれば、一族の者集まりてこれを守れどもなんの甲斐もなく（中略）さては来てありと知りながら身動きもかなわず、人々いかにともすべきようなかりき。その産はきわめて難産なりしが、（中略）その子（川童の子）は手に水掻きあり。この娘の母もまたかつて川童の子を産みしことありという。二代や三代の因縁にはあらずという者もあり。

遠野の地形は平地であるが、周囲を山に囲まれており、山々の谷川の水は郷を流れつつ北上川支流に注ぎ込む。遠野の町は「南北の川の落合にあり（二話）」とあるように川と接してもいる。川は平凡な日常的な生活空間だが、一方異類である川童の住処でもあり、川童を介することで非日常的空間である異界、ウラの世界の接点にもなっていく。ウラの住人である川童は、オモテからは見えないままオモテへ直接災厄を持ち込む。通婚と出産を経てウラの血を送り込んできたのである。これを前もって阻むことはできなかった。ウラの侵入に対する最終防衛は「生れし子は斬り刻みて一升樽に入れ、土中に埋めたり。」とあるように生まれた川童の子殺しという事後処理に止まる。ただし五五話は単なるウラの侵襲で終わってはいない。末尾の「二代や三代の因縁にはあらずという者もあり」は、ウラの侵入の理由が推定されている部分である。ここには異類侵入という事象のさらにウラにある根本的なウラ、歴史的理由の存在が仄めかされている。しかし「者もあり」と記されていることからも、事象の奥に潜むウラの情報は、少数派による噂の次元に止まっていることがわかる。事象に表れたウラは強力であり、現実対応に逐われる当事者と、それを見つつひそかにさらなるウラとしての因縁を噂する他者に分かれたままであり、ここに理由や真実を知るための手段である「占」は生じていない。

五六　何某の家にても川童らしき物の子を産みたることあり。（中略）忌わしければ棄てんとてこれを携えて道ちがえに持ち行き、そこに置きて一間ばかりも離れたりしが、（中略）早取り隠されて見えざりきという。

誰が捨てた川童の子を取り隠したかは記されていないが、言うまでもなく川童の子の父親の仕業と読める。「早取り隠されて」とある。このようなことはウラがオモテを凝視していなければおこらない。『遠野物語』のオモテは、見えないものに一方的に目差され監視され続けている世界である。

一八、一九、二〇、二一話は旧家山口孫左衛門家の断絶と崩壊についての一連のできごとを語る。

一八　旧家にて山口孫左衛門という家には、童女の神（ザシキワラシ）二人いませりということを久しく言い伝えたりしが、或る年同じ村の何某という男、町より帰るとて留場の橋のほとりにて見馴れざる二人のよき娘に逢えり。

男は娘にどこからどこへ移動するのかを聞き、孫左衛門家からの家移りと知って「さては孫左衛門が世も末だな」とその没落を確信した。それから時を置かず、孫左衛門家は女児一人を残し茸中毒で全滅した。

一九話では、家内ことごとく茸にあたって死んだ経緯と、貨財は親類が取り去り、草分け長者の家は跡形もなくなってしまった事実が語られる。

二〇　この凶変の前にはいろいろの前兆ありき。

大いなる蛇が何匹ともなく屋敷内のまぐさの下からうごめき出たのを、主人の制止を聴かずに使用人が打ち殺した。

二一　孫左衛門は村には珍しき学者にて（中略）狐と親しくなりて家を富ます術を得んと思い立ち云々

正式に京から正一位の神階を請け、稲荷祠を建て祀ったが、利益はなく、滅亡を避けることはできなかった。

一連の話からウラとオモテの関係をここでも窺うことができる。オモテは旧家の集団食中毒という現実のレベルで起こった。ウラの世界からの知らせ（前兆）は蛇がわき出るという形でオモテへ示されていたが、ウラからの重要情報として解読されることなく一家は滅亡してしまった

（茸のときも蛇のときも主人は制したのだが使用人はこれを聞かなかった。現代の目からは、悲劇の根底には主人の発言力と統率力の低下の影響がみられるのだが、遠野物語の論理はそのようには働かない）。

この前兆のウラには「神の家移り」が、滅亡の根本原因として挙げられている。さらにここには、滅亡を正しく予知するために三つの段階があったことが示されている。ザシキワラシ神はウラの存在であり、通常見えない。この容易に姿を現さない神の移動に立ち合うことができた、というのが第一段階。神にどこから来てどこへ行くかを問いかけたのが第二段階。その答えを聞いて孫左衛門の繁栄が終わるのを知るのが第三段階である。某というこの男はウラに出会い、問答し答を引き出し、ウラの意向や意志を察知した上で、予定されたオモテの未来を予測できたのである。

ここに示されているのは、原理的には神と交信しているのだから、巫覡の能力だといえよう。しかし彼はこのことを孫左衛門に伝えていない（もし伝えられれば、神を再び呼び戻す手段が取られたかも知れないが）。ウラがオモテへ及ぼす決定的な影響を確信しつつ傍観者としての立場を取り続ける。人は自分に関わるオモテが平穏幸福であるためにウラを知りたいのだが、ここでは知りたいと願ったり求めたものではなく、ウラは偶然知った他者のものであり、それゆえに一人納得しただけで放置される。なぜこの力が彼にあるのかは語られないが、彼は巫覡の能力（神と交流し神の意思を知り伝達する能力）と知識を持っている。しかし、これを社会化せず、ただ静かな事後の「語り部」

でいるだけである。潜在的顕在的を問わず、ウラを知りたいという願望や意志のないところでは占は成立しない。占は能動的な行為である。

さらに、九六話をみていきたい。芳公馬鹿という男がいた。

九六　この男往来をあるきながら急に立ち留り、石などを拾い上げてこれをあたりの人家に打ちつけ、けたたましく火事だ火事だと叫ぶことあり。かくすればその晩か次の日か物を投げつけられたる家火を発せざることなし。（中略）注意して予防をなすといえども、ついに火事を免れたる家は一軒もなしといえり。

ウラの情報は芳公を媒介にしてオモテへ伝えられる。しかしこの悪い情報内容は避けようもなく現実化してしまうものであった。避けたり被害を少なくするすべがあれば悪い未来に関するウラの消息は知りたいが、そうでなければ知る意味は薄い。ここでは予定された悪い未来は必ず成就し、防ぐことは不可能なために情報の受け手である村人に知りたいという主体的意志が生じていない。そこに、一方向的にウラの情報が与えられているのであり、したがって芳公の示したものは占ではなく宣告ないしは不吉な託宣となっている。未来に対するウラの情報を知りたいとの希望や意志を持った者がおり、その情報を入手し予定された未来が悪いものであればそれらを避

ける手段、方法を提供できる技術者のいるところで通常の意味の占は成り立つ。こうしたものにせり上がった語りが一〇八話である

一〇八　山の神の乗り移りたりとて占をなす人は所々にあり。（中略）孫太郎もこれなり。以前は発狂して喪心したりしに、ある日山に入りて山の神よりその術を得たりしのちは、不思議に人の心中を読むこと驚くばかりなり。

依頼人と世間話をしているうちに心に浮かんだことを言うのがその占法であった。当たらないことはなかった。

例えばお前のウチの板敷を取り離し、土を掘りて見よ。古き鏡または刀の折れあるべし。それを取り出さねば近き中に死人ありとか家が焼くるとかいうなり。帰りて掘りて見るに必ずあり。

ここには主体的積極的にウラを知りたい依頼人と、ウラに通じ、示すことができるワザを持った占者（巫覡者）の両者が揃っており、さらに放置しておけばやがてオモテへ現れる禍と、それ

を避ける方法がのべられている。これが条件を充たした占の姿である。

無構造な占

ではこのウラを知る能力とワザはどのようにして手に入れられたのか。一〇七話には、見馴れぬ男から木の葉や何やらをもらった娘がこの日から占の術を得たことが語られている。この異人は山の神であったとの解説的部分が末尾には加えられている。

みたように、一〇八話では孫太郎は発狂喪心のうえ、山に入って山の神から術を得たのであった。孫太郎以外にも、占術を山の神から入手した者は所々にいるとのべられている。遠野物語の中では、ウラを知る技術は、山に入り、あるいは山の神に出会うなどウラの世界に触れたことによりもたらされている。ウラナイは、ウラと遭遇し、ウラを体験した者の専有事項なのであった。またこの体験者たちのウラナイは直接的透視力によるのであり、方法はいわば無構造ともいうものであった。

構造を持った占

これに対し、『遠野物語』に描かれるウラナイには、もう一種類別の系統に属するものがある。

柳田は一〇四話で「月見」、一〇五話で「世中見」を、小正月の晩に行う行事の一つとして取り上げている。月見は六つの胡桃の実を十二に割り、炉にくべた後に引き上げ、それぞれの状態から十二ヶ月の天候を予測する占である。また世中見は、各種の米を敷いた上に鏡餅を伏せ、餅についた米粒の数量から一年の作柄の状態を予見する占である。柳田はこれについて「五穀の占、月の占多少のヴァリエテをもって諸国に行なわる。陰陽道に出でしものならん。」との注を載せている。

こちらの方は手順と方法、技術が確立しており、それに従って占が行われる。だから構造がある。したがって透視力を中心に出さなくとも知識と方法とに習熟していれば用いることができる。構造を持った占の一つが、柳田の指摘している「陰陽道」の占である。といっても、「陰陽道に出でしもの」は、遠くその起源をたどれば、の意味で、ここでは民俗行事、習俗になってしまっている。

ともあれ「諸国に行われる」とされる、それらの多くの占の源になっている陰陽道を次にみてみよう。

参考文献

小松和彦『安倍晴明「闇」の伝承』二〇〇〇　桜桃書房

引用文献

日本思想大系1『古事記』一九八二　岩波書店
日本古典文学大系67『日本書紀』一九六七　岩波書店
日本古典文学大系1『古事記　祝詞』一九五八　岩波書店
国史大系『令義解』一九七二　吉川弘文館
国史大系『令集解』一九七四　吉川弘文館
柳田國男『遠野物語』『定本柳田國男集』四　一九六八　筑摩書房

陰陽道の名称は、呪術宗教として一般に広く知られている。しかし呪術宗教としての陰陽道が成立するまでには前史があった。

構造を持った占―陰陽道前史

占については、すでに日本では弥生後期にはウワミズザクラの木に点じた火で鹿の肩甲骨を焼いた鹿卜（太占）の出土例があり、亀卜も古墳時代の遺物にみられた。亀卜は律令制下では神祇官卜部の職掌であり、神祇祭祀等神事にかかわる卜定や、国家および天皇周辺の大事がこれによって占われた。

しかし骨卜亀卜は神の託宣に似て、すべてが神の超越性に委ねられたところに成立し、有無を言わせぬ決定的なものではあったが、そこに論理性はみられなかった。古代国家にとっての大事には卜部が卜の対象とした事象以外に、出兵や大規模土木工事等がある。それらは国家運営のための現実的かつ複雑な要素のからんだ重要事業であり、これを成功させることは国家の存亡にかかわることでもあった。そのためには技術力の向上とともにウラを知る方法の緻密化が求められた。単純素朴なものでは古代国家の抱える多くの世俗的問題に対応しきれず、ここに、より理論的裏づけのある（納得しやすい）ウラを知る技術が要請された。そのためには、まずそうした技術を先進国に学ぶ必要が生まれてきたのである。言うまでもないことだが、大陸および半島は、文化、思想、技術上の圧倒的先進国であった。

『日本書紀』の推古天皇十年十月には、百済から僧観勒が来朝した記述がみられる。そのときには暦の本、天文地理の書、遁甲方術の本も伝えられ、国家はこれを観勒に教えさせ学ばせた。暦の本は造暦法を示したものである。当時の日本では、暦法の採用はまだ行われていなかった。天文は占星術、地理は風水のことであり、相地ともいう。遁甲は式盤占であるが、一種の占星術ともいわれている。方術は呪的医術を指す。これらはウラを読むための理論および技術である。推古十年は六〇二年。百済からの亡命僧（彼らは大陸から知を受容していた）が、こうしたウラを読むための新しい知の体系を伝えたのである。

このような新しいウラを知る理論と技術を取り入れるとともに、自ら積極的に用いた天皇として『日本書紀』に記載されているのが天武天皇である。即位前紀には「天文・遁甲に能《よ》し」とあり、ウラを知る能力と技術に長けていたと記されている。壬申の乱に際しては、自ら式（式盤を回転させて占う用具。陰陽道で用いられる）を使って自らの勝利を示す占を判じた。天武四年には「陰陽寮」の名称が歴史上初出する。十三年には陰陽師を畿内に遣して都をつくるべき地を「視《み》占」させた、とある。地理、相地を行わせたのである。壬申の乱を勝ち抜いた天武天皇は、さらに強力な絶対的王権を築き安定した国家運営を行うべく、そのための手段の一つとして、半島経由で伝来した大陸のウラを知る理論と技術を新しく組織化し、自ら用いたのである。

天武朝の記述には、「陰陽寮」は名が挙げられるのみであったが、元正天皇の代に成立をみた養老令の「職員令」に、「うらのつかさ」の古訓がほどこされた陰陽寮の記載があり、その細部がわかる。

寮内には四分野があって、それらは陰陽、暦、天文、漏刻の各専門に分かれていた。陰陽部には技官として陰陽博士と陰陽師と陰陽生がおり、ここでは占筮《ぜい》（筮はキク科の植物蓍萩《めどはぎ》の茎を用いた占具のこと。これを使う占は、易占である）、相地等を中心に、式占をも行い諸官庁の職務遂行の日時や作事の吉凶を占った。暦部門は作暦と日月食の予報を行う。

天文部は天文と気象の異変を占う部署である。彗星や流星、日月食などの天文異変を観測し、いつどの星とどの星が接近したかを調べて、中国伝来の天文占書でウラの前兆を解析するのがその職務であった。

漏刻は水時計の管理（時間の管理）を行う部署である。

奈良時代初期の陰陽寮では、四分野の技術の習得と、たとえば兵、政変、天災などの国家的災異や土木工事や土地選定時の占などに、これらの技術の国家的利用が行われた。

陰陽寮で用いられた理論は、陰陽や五行の思想に基づいていた。技術はこれらの理論と思想の上に成立した、当時の先端科学であった。陰陽五行に基づく解釈を得るための資料が、科学的（呪的要素が含まれているので今日的な意味での科学ではない。あくまでも当時の）方法論と技術のもとで集められた。たとえば天文観察を行うには、複数の星の軌道を計算し、観測する技術が必要であり、そうした技術を駆使して集めたデータが五行や陰陽説で解読されたのであった。

陰陽寮で展開した理論と技術は、ウラへの理解を拡大したが、一方古来の伝統的方法である亀卜も消滅はしなかった。令制では「卜」は神祇官、「占」「筮」は陰陽寮のうらないを指す。すでにのべたように神話の中では卜と占に使い分けはなかったのだが、卜と占は令制の内では使い分けられ書き分けられている。二種の占いは、対象と方法をたがえ、それぞれが専用の文字を与えられて、ある種の住み分けをしつつ共存したのであった。

次に、ここで陰陽寮の理論や思想の基である陰陽と五行説をみてみたい。

陰陽五行説

陰陽と五行説は、もともと異なる由来を持つ二つの中国の自然哲学であるが、前漢代までに両者は融合した。

五行の行は働き、あるいは巡ることとの意味である。万物組成の元素であり世界に不可欠な木火土金水の五素材を五行という。あらゆる存在は五材の性質（属性）のどれか一つを持ち、五材の間に成立する意味論的序列にしたがって相互に関係を規定しあう。

陰陽は対立しながらも相関の関係にある、たとえば上下、剛柔、寒暖、明暗等の二つの状態を意味する。しかしこれは単なる静的な分類ではない。陰陽は一種の気であり、二気は消長変化し、それによって万物世界を動かしていく、という力動的な原理である。

五行と陰陽は運動能力とエネルギーを持っており、世界を構成するとともに、物事の生成から消滅に至る変化と循環の中心原理となっている。これらは天地自然や人象に配され、中国諸学術、たとえば暦や兵書や医術の理論的基盤となっていった。

またこれらの哲学は、時代とともに新しい意味付けがなされたり、対象を拡大したりしつつ展開していった。

五行に関しては、春秋戦国時代に「五行相勝（相剋）」の序列が生じた。

植物は土を破って芽を出すので木は土に勝ち、金属の斧は木を切り倒すので金は木に勝ち、火は金属を溶かすことができるので火は金に勝ち、水は火を消すことができるので水は火に勝ち、土は水を塞き止めることができるので土は水に勝つ、という勝ち負けの原理が五材の間に見出され、そこから土・木・金・火・水の相勝（相剋）の序列が成立したのである。この土木金火水の順序は、それぞれ一つ下に位置する五行が、上の五行に勝つ、という関係によるものである。

一方、漢代には「相生」の序列も生じた。これは相手を剋する相勝とは逆に、相互に生産性が読み取れる親和関係である。木は摩擦すると火を生じる。火は燃えると土（灰）を生じる。土の中からは金属が生じる。金属は冷やすとまわりに水（滴）が生じる。水（分）のあるところでは木（植物）が生じる。こうして和合的とされる木・火・土・金・水が定位置を得て、順に「相生」として関係付けられ並ぶことになる（九星の項参照）。

この五行の相勝と相生は、さまざまな関係を説明する原理として応用範囲が広く、ウラを知るための重要原理の一つとなっていく。

この他に易・方位・十干・十二支と五行との対応が揃うと、これが占いの基本構造となる。五行の占的傾向は、秦漢の交替期から顕著であるとされている。中国の「陰陽家」は、これらを用いて未来の吉凶を占った。

陰陽は本来は宇宙自然界の解明のための理論として構成されたものであったが、五行を四季と方位に配するようになり、木火土金水のそれぞれに東・春（木）、南・夏（火）、土用（土）、西・秋（金）、北・冬（水）を当てて、季節の変化や方位の説明に用いられるようになり、さらには「易」に関するものまでもその中にとり入れるようになっていった。易と陰陽が結んだのは戦国時代末期と推定されている。

陰陽五行説は、漢代には儒教と結びついた。陰陽については王者が則るべき規範である天の様相の具体的表れとし、君臣関係も陰陽的に解釈された。

五行に関しては相生・相勝関係による孝と忠の説明が施され、陰陽・五行の調和の保持が、為政者の必要条件とされた。天子が善政をしかないと、その王朝は滅んで交代する、という「易姓革命」の思想が生まれ、災害や怪異の出現は、支配者に対する天の戒めであるとの「災異思想」も広まった。

こうした説と技術が六・七世紀の日本へ伝えられたのである。

時代は下がるが、隋代の『五行大義』の序文には、五行は造化の根源であって、かつ人倫の源泉であり、陰陽に根ざすものであるとの記載がある。この『五行大義』は先秦より隋までの陰陽五行説を蒐集し、それを組織的に整理分類したものである。天平宝字元（七五七）年日本に将来されると陰陽生必読の教科書として陰陽寮では重んじられてきた。

奈良時代の令制陰陽寮の特色は、呪術祭祀が少ないことである。当時の陰陽寮の律令官人たちは、のべたように当時の科学を志向して専門技術を習得し、天文や暦の計算をしたり観測を行っていた。また易占や式占による占術を行ったが、その対象は、朝廷や官庁の公的職務を行う日時と、公共事業の吉凶判断である。つまり彼らは宗教者ではなく、技術官僚として国家に奉仕したのであった。

この時期には「陰陽道」の名称は陰陽寮の学科を示すものとしては存在するが、呪術的な宗教を示すものではなく、その実体もみられない。「陰陽道」の名が宗教としての形態を整えるのは十世紀後半からである。

陰陽道の成立

十世紀後半になると、「陰陽道」の名称は呪術宗教家および職務名に変貌している。陰陽寮の官人は国家の要請とは別に、個人を対象に、貴族社会で広く占や呪術行為等を行うようになった。それとともに神道、仏教と並び第三の宗教というべき「陰陽道」の名は定着したのである（陰陽道の名は、中国文献には見出し得ない。したがって日本での成立と命名であるといわれている）。

ではなぜこの期に呪術宗教としての陰陽道が成立したのだろうか。

その理由は、災害観の変化によるのだと思われる。奈良朝の地震、落雷、洪水、疫病などの天災に対する災害観には二種の見方があった。それらは神の怒り、と解するのが伝統的なもので、天子の不徳や失政による天の戒めとするのが外来の災異思想であったが、二つは共存し、事が起こったときには両面から解釈されていた。しかし平安初期、この災害観に変化があらわれる。災異思想が退き、怨霊の祟りがそれに取って代わったのである。この変化のきっかけは、一つの事件であった。

桓武天皇は位につくと今までの平城京を廃し、中国にならって新王権の偉大な居城とすべく長岡京の造営を計画した。新都造営をまかされたのが藤原種継であった。事業半ばで種継は暗殺される。大伴一族が犯人として厳しい処分をうけた。弟の皇太子早良親王も関与していたとされ、廃太子されたうえ淡路に流される途中死ぬ。早良の死で事件は片付いたかに見えたが、そののち桓武天皇の夫人二人、皇后乙牟漏および母高野新笠が短期間のうちに死亡、早良を廃した後に立太子させた皇太子（のちの平城天皇）は病に陥り、都には疫病が蔓延した。複数の親族を失い皇太子も重く病むという状況に対し、天皇はこの原因を解明すべく陰陽寮に占を命じたが、占の結果には「祟り」と出た。

桓武の父は光仁天皇であるが、母の高野新笠は渡来人の血をひいており皇后ではない。皇后は聖武天皇女の井上内親王である。井上と光仁との間には他戸親王があり、皇太子であった。しかし井上皇后と他戸親王は厭魅の罪で廃后廃太子され、同日没する。桓武はその後立太子したのであった。この時期の天皇の妻の出自としては、内親王の地位が最も高い。内親王が天皇の妻になると、他の血統の妻を圧倒し、通常皇后位につく。所生の男子は皇太子である。本来なら桓武は立太子できない。二人の死は桓武を擁立する藤原百川らの陰謀だとされるが、彼が全く無関係であったとも言えまい。

早良を筆頭に、これらの過去の怨霊が桓武天皇に迫り、桓武は極度に怨霊と祟りに敏感になった。政敵を死に追いやること、放置すれば政敵になるかも知れぬ者を芽のうちに摘んでおくということは珍しくはない。歴史上くり返されてきたことである。有馬皇子、大津皇子などが斉明朝持統朝には、謀反の嫌疑のもとで殺されている。けれども現実的な処理で終わっており、為政者の心的世界にこの政治的処理の負い目は大きな力を及ぼすことはなかったようである。彼らも無実の者を謀殺した後でさらに過酷な骨肉の争いや愛息の死等を体験するのだが、それらが祟りと結び付けられることはなかった。だから怨霊も問題にはならなかったのである。

けれども平安朝の初め、怨霊への畏怖が桓武天皇の心的世界に兆すと、すぐにそれは拡大して時代の文化を被った。社会の側に広がる土壌がすでに存在していたからである。人々は不可思議あるいは不吉な現象や、政治・社会の非常事態の背後に何かの霊や政治的敗者の怨霊の存在を想定するようになったのである。さまざまな不審な現象は「物怪」と称された。モノノケではなく、モノノサトシ、モッケと訓する。モノとは神、霊、精霊、鬼等を指す言葉であり、サトシとは兆、知らせを意味する。一方モノノケは物の気と記載する。特定することができる生霊、死霊の祟りのことである。まぎらわしいがまとめてみると、物怪《モッケ》は目に見える怪現象のこと、物の気《モノケ》は物怪の原因の一つということになる。

災害観が変化して物怪の原因に物の気が入り、政治的異変や災害をもたらすものに怨霊が加わると、陰陽寮の官人の任務も寮の存在理由も変貌する。異変が起こったときには、従来のように「〇〇神の怒り」による、と怒りの主体を解明するだけではすまなくなった。複雑に分化した原因のうちの「何に対する怒り」によるものなのか、陰陽寮の官人である陰陽師には占でその理由を特定し、明らかにする要請が生じたのである。怨霊が原因とされた場合には専門集団として対怨霊対策も求められた。占の基礎は従来の陰陽五行説であったが、対怨霊には呪術作法が用いられた。中国の民間信仰である道教や、密教も取り入れられ、呪術の基礎理論となり、また呪術技法にもなっていった。これらが混淆しつつ陰陽道の形ができてくる。こうして陰陽寮を中心に十世紀（平安中期）に呪術宗教としての陰陽道が生まれたのである。

陰陽道の展開

陰陽寮の官人陰陽師はもっぱら公的世界を対象に占を行っていたが、陰陽道が成立するころには貴族社会の個人を対象にして、求められた彼らのウラを知るために技術を用いるようになった。陰陽師の占法には易筮、太一、遁甲、六壬式、五行占があった。易筮は易占であり、六世紀に百済より伝わった技法である（後述）。太一以下は三式として一括され、実態および細部が不明なものがあるが、要するに式盤を用いるものをいう。律令では個人が習得することが禁じられた。平安中期から陰陽師は六壬式占を専用にする。この六壬式占は円形の天盤と方形の地盤からなる式盤を用いて行う。天盤には北斗七星、十干、十二支、二十八宿が刻まれ、地盤には八干、十二支、二十八宿などがみられる。実際の使い方は、異常が発生したとき、または依頼を受けたときの月と時刻の干支を用いて天盤地盤を合わせて盤上にあらわし、次に盤を回し四つの干支の対応（四課）を見る。それをデータとして五行説から解釈するのである。

こうした占は人魂や白虹が現れたり屋鳴りがしたり、鳥や動物の異常群集や長鳴き等の物怪がみられたとき（怪異占）、病気やけがのとき（病事占、傷病占）に行われた。怪異占では怪異現象がいかなるモノの働きによるのかについての究明が、病時占では病の原因としてモノの祟りがあるのかないのかが問われた。モノとは神、霊、精、鬼等を示す指示範囲の広い語であることは先にのべた。祟りに対する認識も分化し、モノの作用が神によると占われれば、その事例は神官が担った。対応策は特定された神社への奉幣である。物の気とされれば密教の護摩焚きなどの加持や祈祷、修法を行った。この技術の担い手は密教僧である。鬼や土地神の祟りや呪詛である、と占われたときには陰陽師がこうした気を祓うための呪法を行った。つまり陰陽師は特定の現象の原因解明と判断のために占を行ったが、その原因が超越的存在である「神」や、人の心的世界と深くかかわる「モノノケ」に求められるときには対応と解決をそれぞれの専門家に委ね、自らは関与しないのである。

陰陽道の呪術

では陰陽師の関与する鬼や呪詛に対する呪法や祭祀にはどのようなものがあり、どのように行われたのだろうか。

呪法では反閇《へんばい》、身固め、祓いなどがその代表的なものである。

反閇

反閇は邪気を避け、身の安全をはかる呪法である。道教由来のもので、もとは大地を踏みしめることで土地を清めるものであったが、これが拡大され兵を退けたり、行く手の邪鬼を退散させ息災を呼ぶ呪術技法として定着した。具体的には、反閇呪を唱えながら陰陽師が玉女（道教の神）・竜樹菩薩などの神仏を勧請し、特定（多く奇数）の歩数を、遁甲の九星をかたどるという特殊な歩き方で歩むことである。これを禹歩といった。依頼者の貴人は先導の陰陽師に従って禹歩をした。天皇の行幸や、貴人が居を移す（移徙《いし》・移御・わたましともいう）ときや貴族の出向や国司の下向の際に行われた。移徙に際しては新居へ移動するときに旧居から水、火、五穀を持ち黄牛を引き行列を整える。このとき陰陽師は反閇を行い、新居ではカマド、井戸、厠の神や土公神の祭祀が行われる。

（民俗芸能の形になってはいるが、陰陽道系の祭祀の一端を、今日でもみることができる。たとえば三遠信県境で行われている旧霜月の行事「花祭り」には仮面を着けた鬼様が出現し、しきりに七・五・三の数で反閇を踏む。ヘンバイ、と称している）。

身固め

身固めは呪を唱えながら刀剣を抜き、邪悪なものや悪気を威嚇し、近づかないようにして自分の身の防衛を固めるというもので、これも道教由来である。陰陽師といえば安倍晴明が陰陽師の代名詞になるほど高名であるが、晴明は呪術も行った。晴明の呪術は説話のテキストに多くのべられているが、『宇治拾遺物語』巻二の八「晴明、蔵人少将を封ずる事」には、晴明の身固めの実際が記されている。蔵人少将がカラスに汚物をかけられるという物怪に会ったのを見た晴明は、たちどころにその背景を見破った。少将は相聟の嫉妬をうけていた。相聟は陰陽師を雇い、陰陽師は少将を呪詛し、式神（陰陽師の使役する神）を使って命を狙っていたのである。物怪はそのあらわれだったのだ。晴明は少将を「つといだきて身のかためをし、又なに事にかつぶ〳〵と夜一夜いもねず、こわだゑもせず読みきかせ」呪を唱えて加持していた。晴明の身固めは成功し、雇われた陰陽師は式に打たれて死んだとされている。晴明の身固めは呪詛返しができるほど強い力を持っていたのである。

陰陽師によるものではないが、『源氏物語』夕顔巻には、源氏自らによる身固め様の呪術がみられる。なにがしの院へ夕顔を伴った源氏が入眠と覚醒の中間状態にいるときに（今日的に言えば入眠幻覚様の像を見、「物に襲はるる心地」がして完全に目を覚ましたのだが、このときに行ったのが「太刀を引き抜きてうち置く」という「モノ」を除けるための呪術であった。身固め様の呪的行為は、咄嗟の邪気払いとして専門性を持った呪術のプロである陰陽師でなくとも行っていたのであろう。ただしそのかいもなく夕顔はモノノケに襲われて生命を奪われてしまうのである。

祓（解除）

神に祈って罪、災、穢、病等々を除くための行為が祓である。もともとは罪を犯した者に償の

「祓物」をさし出させる、罪を解除するための行為であった。『日本書紀』には罪を犯したスサノヲが「祓《はらへ》つもの」を神々から求められ、解除が行われた記載がある（神代上第七段）。祓は神道行事であり、神祇令には朝廷や諸国の大祓が定められていた。

　掌ったのは中臣氏である。神道で扱う祓は大祓のように公的なものであり、天皇、皇太子などを別にして個人の私的解除を対象にすることはなかった。これが緩んでくるのは平安末期である。

　貴族たちは自分の祓を求めるようになっていくが、この要請に応え、陰陽師は個人に向けた祓を担当するようになる。このようになると祓は祭祀よりも呪術に近づく。陰陽道呪術に祓が加わるのである。さらに単なる「都合の悪いものを除去する」といったものから一歩進み、ここに息災、安産、除病の祈願が加わる。その代表的なものが河臨祓であり、三元河臨祓ともいう。祓は川辺で行われ、陰陽師は大祓で中臣が唱えた中臣祓詞（大祓祝詞）を読み上げ、祈願者が身を撫で息を吹きかけてケガレを移した撫物の人形《ひとがた》等を川に流した。賀茂川の川合等七つの瀬で河臨祓を行うのが七瀬祓（鎌倉時代には将軍のために由比ヶ浜等で七瀬祓は行われた）である。こうした大規模な祓ではないが、庶民の間にも祓は広まってゆき、これを担当したのは法師陰陽師といわれる民間陰陽師であった（それについては後に述べる）。

　陰陽師が関与するもう一つの祓は儺《な》の祭である。こちらは個人を対象にしたものではない。儺は疫病のもととなっている鬼を示す。延喜式巻一六に陰陽寮に対する規定があり、儺の祭の詞が載せられている。十二月末日の鬼を追い払う儺の祭のときに陰陽師はこの「儺祭詞」を唱え、疫鬼に対し「すみやかに罷《しりぞ》き往ね」と威嚇し、国土の外へ追い返すのである。

呪詛

陰陽道にはどのような具体的方法を用いたのかは明示されてはいないが、人を殺すまでの強力な呪詛技法があったことも記されている。『宇治拾遺物語』巻一〇の九「小槻當平ノ事」は、羨望による、陰陽師を使った呪詛殺人の例である。算博士である當平の才を嫉んだ敵が「死ぬべきわざども」を陰陽師にさせる。當平は神仏の「さとし」があったので固く物忌していたが、執拗に陰陽師は物忌の隙をうかがい、ついに「すべきかぎりのろひつ」ということで最大限の呪詛を成就させてしまった。當平は頭痛を覚え三日の後に死んだ。しかし陰陽師に呪のワザをさせた依頼人も、ほどなく災にあって死んだという。

民間陰陽師の例であるが、ここには依頼があれば殺人も引き受け、あくなき職業意識をもって目的達成に向かう陰陽師の姿が見られる。これは呪術を用いることで職業として生死を請け負う者に与えられた、一つのイメージである。陰陽師は強力な呪術をあやつるものだと認知されているが、その呪詛は依頼があれば寄せられた依頼（特定人物に災がかかったり死んだりすることを求める）に正当性があるか否かは問わない。そのため、陰陽師のイメージには畏怖と不気味さが伴っているのである。

呪詛の古い例が、『古事記』には応神天皇の代の出来事として記されている。兄弟の妻あらそいに母親がからむ。母親は頼ってきた弟に理由なく肩入れし、弟を勝たせる。怒った兄は自分が負けたときには果たすという弟との約束を無視する。弟はこれを母に言いつけ、訴えた。母親は兄の行ったこの約束違反の部分をとり上げ、にくみ、兄を病むように呪詛し苦しめた。母親の兄弟に対する愛憎は恣意的で公平性を欠いている上、一貫した理に支えられてはいない。にもかかわらず強い呪詛を兄にかぶせる。

ここでも呪詛は正当性を吟味されないまま成立している。こうした面が呪詛には本質的に存在するため、呪詛を受ける側の恐怖が投影され、呪詛を行う者には、得体が知れず恐ろしいというイメージが付着することになる。

陰陽道の祭祀

陰陽道の祭祀を考えるうえでは、道教に関する知が必要である。ここで道教について少々説明しておこう。

道教とは、民間信仰をもとに神仙思想や易、陰陽、五行、医、占星の説、およびシャーマニズム信仰を加え、不老長寿を主な目的とする古代中国で生まれた宗教を指す。日本には古代に早くも大陸や半島からの渡来人によって伝えられた。その中核は神仙思想と方術（呪的医療法）であった。しかしこの伝来は体系的なものへと展開していくことはなかった。道教が深く日本の社会に入り込むのは平安時代、陰陽道を通してであった。

陰陽道の祭祀は中国的、道教的色彩をもっている。八世紀に中国では密教と道教が融合し、現世利益中心の雑密（大日如来が説いた自らの悟りの法門である純密に対していう）が作られた。これが入唐僧によって九世紀の日本にもたらされたが、道教の目指す不老長寿と陰陽道の求める個人的延命招福はほとんど同じものだったために、道教が次第に受け入れられたからである。さらに唐代、中国の天文学は密教と習合していたから、天文と密教と道教は混淆した。奈良朝以前からもともとの中国伝来の天文、暦の知は入っていたが、これに平安期にいたって入唐僧による新知識が加わったわけである。本来陰陽師は暦や天文のプロであるが、星や日月に関する知に道教と密教が入りこんだため、ここでも陰陽道の祭祀はいちじるしくその影響を受けた。北極星、北斗七星は単に星というのではなく、道教の人の寿命、生死を掌る司命神として尊ばれ、中国の名山である泰山の山神は、同様に生命を掌る泰山府君として陰陽道の中心神格となり、祀られたのである。実際には星神、鬼神、冥官神（泰山府君など。府君は閻魔王と習合し、また仏教と習合すると冥界十王の一つとなり、四十九日に地獄の判官として祀られる冥府神となる）が、屋外で夜間に祀られた。人の生命を掌るという泰山府君の祭祀に関する記載を、説話の中から見てみよう。

祈祷を行う安倍清明。松明のもとに疫神と式神が姿をあらわしている。『不動利益縁起』東京国立博物館蔵

泰山府君祭

『今昔物語集』巻一九の二四「師に代わりて太山府君の祭の都状に入る僧のこと」は、泰山府君祭祀の様相と生死をめぐる師弟の葛藤とがテーマになっている。

師の僧が重病になった。弟子たちは祈祷をさまざま試みたが効果がなかった。そこで安倍晴明に泰山府君祭をさせて命を保ちたいと考えた。晴明は言う。「この病を占ふに極めて重くして、たとひ太山府君に祈祷すといへども叶ひ難かりなむ。但しこの病者の御代りに一人の僧を出したまへ。さはその人の名を祭の都状に注して申し代へ試みむ。さらずば更に力及ばぬことなり」。病が重すぎるため、泰山府君に祈るだけでは師の命はもたない。しかし身代わりを立てれば、その弟子の名を都状（祭文）に記し、府君に申し上げ交渉して師と弟子の命を差し替える。それ以外に方法はない、というのだ。当然弟子たちにも師にも恩愛と現実の間の葛藤が生じるが、ひとりの弟子僧が名乗り出、葛藤は感涙に変わる。晴明は弟子の名を記し、泰山府君の祭祀を行った。祭のあと、師は病から回復した。弟子も死ななかった。朝に晴明がやってきて、両者は命を得、死の恐れはなくなった、と告げた。『今昔物語集』の作者は最後に次のような解説を加えている。「これを思ふに、僧の師に代らむとするを、冥道もあはれびたまひて、ともに命を存しぬるなりけり」。

ここで病に対して、祭祀の活用がどのようになされているかをみてみよう。まず行われたのは仏教の祈祷である。専門家集団が試みたにもかかわらず、これが効果を持たなかったため、僧たちは陰陽道の神泰山府君祭を求めた。しかし晴明はすぐに行うことはなかった。まず病事占を立てた。結果は泰山府君祭でも無理だということであった。これは、病は寿命が尽きたために起こったのであって、その他の原因によるものではないことが占によって判明したことを意味する。原因を究明した上で、それに適応する祭祀方法を決めるのは陰陽師の専門職務である。病事占に寿命と出てしまえば通常打つ手はない。しかし晴明は苛酷な条件を出した上で泰山府君祭を行い、命の祈り代えを成功させた。

この成功が成り立ったのは、病死すべき師に代わるべく提出された弟子の命、晴明の力量、泰山府君の威力、の三者が揃ったからである。さらにその上で弟子も命を得ることができたのは、「冥道」（泰山府君祭で祀られる、泰山府君を含む閻羅天子・五道大神・天地水官・司命・司禄・本命神・開路将軍・土地霊祇・家親丈人の冥道十二神をさす）が憐憫を示してくれたためであると記される。

泰山府君祭では冥道十二神を勧請し、祭物を捧げて都状を読み上げて延命・除病・攘災等を祈る。ここでは命の身代わりを求めることはない。来臨するのはすべて厳しい冥神であり、泰山府君に親しみの感情移入はしにくいと思われるが、『今昔物語集』では「あはれび」の心を持ち、人の心に理解を示す神として描かれている。

同じ説話を取り扱った『宝物集』巻四、『発心集』巻六によると、命の差し代えをしてくれたのは「泣き不動」であるとされる。泰山府君祭が進むと、師の病苦は楽になっていくが弟子には死の苦しみが訪れる。このとき弟子が不動に祈ると、目から血の涙を流しつつ「汝は師に替はる。われは汝に替らむ」と不動のお告げがあり、両者は回復するのであった。こちらは泣不動の霊験として結論づけられているのである。

陰陽道では人形《ひとがた》を人間の身代わりとして取り扱うことがあるが（たとえば河臨祓）、これらの説話によれば、泰山府君祭でも人形の命と病人の命を差し替える。人形では無理だという晴明の宣告で弟子が名乗り出、泣不動霊験譚へと続いていく。奇蹟は不動の慈悲や共感の力に委ねられ、晴明は冥神祭祀を執行する鋭利冷徹な陰陽師であり、泰山府君も人の心情への妥協をみない神とされている。

『古事談』巻第二の六八は泰山府君を祀ることによって蘇生した話を取り上げたものである。有国は父輔道とともに豊前へ下向したが途中父は急死した。有国は陰陽師ではなかったが、陰陽道の作法どおり泰山府君祭を勤行すると父は蘇生する。この蘇生には以下のようないきさつがあった。「其の道に非ざる者、祭を勤行す。罪科無きに非ず」。陰陽師でない者が祭祀をするのは許せることでない、息子を冥府に召すべきだ、との冥官の意見があったが、陰陽師のいない（道の人無き）急な場合はその限りではないとの意見が優勢になり、有国も死なずにすみ、自分も蘇生したのだ、と父は冥府で交わされたやりとりを語った。

のべられているのは、泰山府君の生死を掌る威力と、「陰陽道」がすでに「道」として根付いており、陰陽師の祭祀の中心となった泰山府君祭は、陰陽師の持つ高度な専門性の中で独占されていること、これにそむいて非専門家が行えば、冥府の怒りや罰を被るということである。歴史上の祭祀の世襲独占化ということの反映であろうが、説話の上では、泰山府君の恐ろしさとともに、素人が触れてはならない禁忌の祭祀として、祭祀自体の恐ろしさが強調されている。

ともあれ泰山府君はいかにも近づき難い印象の神であり、こうした恐ろしい神々を専門に祭祀する陰陽師にも、また非正統な陰陽師たちにも同様のイメージが混淆していくことになる。

次に陰陽道祭祀の担い手である陰陽師についてみていこう。

令制の陰陽寮は四部門によって構成され、陰陽部門には陰陽博士一名と六名の陰陽師が置かれていたことはすでにのべた。博士は陰陽生を教え、陰陽師は占筮・相地を掌った。やがて平安中期には陰陽寮の官人すべてが、それぞれの専門の技術の他に占を行うようになる。

陰陽師

十世紀後半ごろになると、呪術宗教「陰陽道」の成立に伴って、令制官職名としての「陰陽師」の名称とは別に、陰陽道の呪術、祭祀を行う呪術宗教家の職種名として「陰陽師」が用いられるようになる。民間陰陽師が登場するのである。寮の官人陰陽師の数はきわめて少なく、一方陰陽道の社会的浸透とともに、さまざまの呪術や祭祀の需要が増したためである。しかし中心となって活躍していたのは依然として官人陰陽師であった。陰陽寮の主要官職は賀茂氏、安倍氏が独占し、世襲職としていた（古くは寮の官人は渡来系の人々であった）。こうした正統性を持った世襲職の官人に対し、民間の陰陽師には僧侶がなったようで、『枕草子』一〇五段には「法師陰陽師の、紙冠して祓したる」姿が、見ぐるしきものとして挙げられている。『紫式部集』にも、「弥生のついたち、河原に出でたるに、かたはらなる車に、法師の紙を冠にて、博士だちをるを憎みて」の詞書があって

祓戸の神のかざりのみてぐらにうたてもまがふ耳はさみかな

の一首がみられる。官人陰陽師の装束は束帯またはその軽装版の衣冠である。法師陰陽師たちは宮廷女房たちに軽んぜられ、そのいでたちを憎まれながらも、さかんに河原で祓を行っていたのだろう。

『今昔物語集』巻一九の三「内記慶滋保胤出家の話」には、保胤が出家し内記の上人となって播磨国へ行ったところ、川原で紙冠をして祓をする法師陰陽師に出会った際のエピソードが記されている。内記上人は僧である以上は紙冠を着けることは禁戒を破る行為だとして、法師陰陽師を責める。陰陽師は、自分は宗教者としての心を持っているわけではなく、生活のための行為なのだと、彼の置かれている切実な現実を指し示す。

しかしそのような非力な者ばかりではない。巻二四の一六「安倍晴明、忠行に随《したが》ひて道を習ふ話」は、法師陰陽師が官人陰陽師の晴明に対決をいどむ話である。晴明の力量をためすために播磨国からやって来た法師陰陽師は、式神を使う技能の持ち主だった。結局は晴明にその上の技倆をみせつけられて弟子になったのであるが。

ともあれ、官人陰陽師、法師陰陽師、法師との間には、正統性や階級性や戒、力量等をめぐって相互に矛盾や葛藤があったことがうかがわれる。

陰陽師職の安倍氏による世襲は、戦国時代になると土御門家と名を変えたが継承された。江戸期には土御門家は朝廷と幕府の公認のもとで、陰陽師の免許を全国の陰陽師に与える権利を持った。陰陽師安倍―土御門の権威は、明治三年の土御門家の免許交付の停止まで続いたのであった。

陰陽師安倍晴明

晴明は歴史上は天文得業生から陰陽師を経て天文博士となり、左京権太夫に任じた人物である。九二一年に生まれ一〇〇五年に没した。信西著の史書『本朝世紀』には、康保四（九六七）年六月条に「陰陽師晴明を召して政始の日時勘文《かもん》を進めしむ」の記載がみられる。日時勘文とは朝廷儀式や行事のための吉日、吉時を書き出した文書のことである。朝廷で行われる儀式や行事は、国家運営にかかわる重要なもので、天皇の凶日には実施することができなかった。儀式は天皇を中心にして行われていたからである。天皇の凶日時を調査して割り出した文書は「御忌勘文」という。これらをつき合わせて、凶日を避けたうえで、朝廷儀礼の日は選び出されねばならない。この作業は官人陰陽師の職務の中心となっていた。史書によれば、晴明はこうした職能に堪能な一人の官人である。

一方説話の世界では、呪力や占験が取り上げられ、華々しい像が作られる。実際に晴明は一条天皇や道長ファミリーのために祭祀や占をおこなっているが、説話の中ではこうした現実も拡大され、伝説化されている。そのいくつかをみてみよう。

先に挙げた『今昔物語集』巻二四の一六は晴明伝承の起点となったものである。術くらべに来て式神を隠された民間陰陽師の話の他に、ここには二つの内容が語られている。子どものころ、陰陽道の師賀茂忠行の牛車の後に従って夜道を歩いていたところ、鬼の一群がやって来るのを発見し、師に知らせて事なきを得た。幼少期より、通常は見えない世界のものである（ウラ）を見る特別の能力があったとされる。また、貴族の子弟や僧に式の術をせがまれて、呪法をもって小動物を殺したこと、晴明が式神を使うことがのべられている。『大鏡』花山天皇の条には、兼家とその子息にだまされて出家、譲位するため宮廷を抜け出した花山天皇が、晴明邸の前を通るときの晴明の言動が記されている。このとき、晴明は天文博士である。「みかどおりさせ給ふとみゆる天変ありつるが、すでになりにけるとみゆるかな。まいりてそうせん。」帝が譲位することを示す天体の動きがあったが、すでに譲位は成立してしまったとみえる。参内して申し上げよう、というわけで、晴明は天体の観測によって御代がわりというウラを読みとり、それを既成事実として公のものにしようとする。

国家的事件を天文占は扱うので政治とも接触を持たざるを得ないのだが、ここに描かれているのは、優れた天文博士であるとともに、権力にも近づき、多分に政治的行動をも行う陰陽師晴明の姿である。

晴明のウラを見通す力については『古事談』巻六の六二が参考になる。

道長の飼っている白い犬が寺に入ろうとする道長の衣をくわえて引き留めた。晴明がこの怪異を解明するために召される。彼は目を閉じ沈思した後に、道長を呪詛する者が呪物を埋め、ここを通ったときに呪力が発効するように計らったことをのべた。はたして掘ると呪いの品が発見された。

晴明がウラを明らかにするために行ったのは、ここでは占術ではなくて透視術である。ウラは土の下だったが、地下にも晴明の透視力は届いたのだった。

同じく六四も晴明の透視能力に関するものである。

花山院は頭痛持ちだったが、特に雨季にはひどい頭痛に苦しめられていた。医療の効果はなかった。晴明は院の前世が大峰行者であったこと、そのときの院の髑髏が巌の間にはさまっており、雨季には水気を帯びた巌が髑髏を圧迫するために頭痛がひどくなることをのべた。これこれの谷に頭骨があることをも教示したが、はたしてその通りであった。首を取り出してからは頭痛は完治した。

晴明が占を立てたのか、あるいは透視したのかについては記載がない。どちらにしても、その技術と能力は前世という遥かなウラにまで届く強力なもの、そして証拠品の発見に到る確かなものであったとされる。（ただし、前世を思想的に取り扱ってはいない。ここでの力点は、告げたとおりの物質が見つかった、というところに据えられている。思想として前世をとらえる視点が入ると、「魂」が問題になる。しかしここでは物質的な頭骨だけに焦点が合わせられている。したがって陰陽師としての能力の高さを示すためにのみ前世は用いられているのだと思われる。前世の思想を専らにするのは仏教である。)

ともあれこれらの説話からは、子どものころからウラを見る才能を示した天才であり、透視、天文占、呪法など、陰陽師としての能力に群を抜いて秀でた晴明像が窺える。ただし、また一面では、そうした能力を用いて政治的にふるまう晴明もいるようである。

陰陽道のゆくえ
―「牡丹燈籠」の中の陰陽師

陰陽道では官人陰陽師は泰山府君等の冥神の祭祀を行った。だが死者の霊魂を祀って慰霊や追善を行うことはなかった。

しかし民間陰陽師は死霊にかかわることがあった。『今昔物語集』巻二四の二〇は、陰陽師の援助を得て夫が、死後悪鬼となった妻の怒りを力ずくで収めた、という内容の説話である。この話を小泉八雲は『影』の中で、「死骸にまたがる男」として取り上げた。

江戸期、免許を与えて民間陰陽師を傘下に編成した土御門家は、死霊を降ろすことを禁じている。しかしそれにもかかわらず陰陽師たちが死霊と出合ったりかかわったりしたことはあったらしく、そうした例の一つが、「牡丹燈籠」の話となっている。

「牡丹燈籠」は中国の小説『剪灯新話』中の「牡丹灯記」を、江戸前期の仮名草子作者浅井了意が翻案改変し、『伽婢子』に収録したものである。

三遊亭円朝は天保期に牛込に住む旗本の実話をこれに加えて、口演人情噺として創作した。

小泉八雲は『霊の日本にて』の中の「悪因縁」に、円朝の牡丹燈籠の話を会話体はもとの文章のままにしてまとめ、とり入れた。時代は了意も八雲も江戸期（了意は江戸前期）に設定している。

この物語には、陰陽の道を学んだ人相見である占師と僧が登場する（『伽婢子』では「よく物に心得たる翁」とあるが、実態は陰陽師である）。死霊に狙われた主人公を助けるために人相見も僧も力を尽くすのだが、援助者二人の職業の背後にある宗教思想が違うため、援助方法も事件の解釈も異なっている。

ここでは江戸期の陰陽師である人相見がもっていた陰陽の思想を、同じ事件にかかわった僧の思想と比べつつ一見してみたい。なお、用いるのは八雲の「悪因縁」である。『伽婢子』のものは（　）内で補足する。

萩原（荻原）は露（弥子）と恋仲になるが、やがて露は死んだと知らされる。しかしその情報はいつわりであり、露は生きていて萩原宅に通ってくるようになった。これを下男が覗くと萩原が対面しているのは死者だった。下男は人相見に相談する。

女がもし幽霊なら、死相が顔に出る。生きている人の魂は陽気で清く—死んだ人の魂は陰気で、穢れているからだ。一方は正で、一方は負なのだ。

人相見は顔の相の陰陽から生死を判断した。

『伽婢子』も同様に

をよそ人として命生きたる間は、陽分いたりて盛り清く、死して幽霊となれば、陰気はげしくよこしまにけがる丶也。此故に死すれば忌ふかし。今汝は幽陰気の霊とおなじく座してこれをしらず云々。たちまち真精の元気を耗し尽して性分を奪はれ、わざはひ来れり。

と記す。ここには生死を陽と陰の二気の運動としてとらえる見方が提示されている。生死は陰陽の「気」の差と消長として現れ、陰は陽を消尽して陰へ引きこもうと働く。この原理からウラを読んでいけば、死者（陰）は生者（陽）を浸潤し、必ず陰の世界へ引きずりこむことになる。萩原は死ぬであろう。

露が死者であると知った萩原は、人相見に助言助力を求める。人相見は「こんな場合、とても助けられるものではない」と言い、寺の僧に助言を要請した。だが、萩原は死者に殺された。

僧はすでに死を予測していた。そして言う。

萩原さまは、悪因縁の結果ああなったのだ。（中略）萩原さまに起きたことは逃れられない。

―あの方の運命はずっと前世からきまっていたのじゃ。

これに対する人相見の言葉は以下である。

有徳の僧は百年先のことを見破る力をもつことができると聞いておりましたが、そんな力の証拠を見たのは、これが初めてでございます。

わたしは陰陽や、占の術を学びました。そして人の運勢を言い当てることをもって暮しを立てております。――けれどそんなことをどうしてご存知なのか、わたしには分かりかねます。


人相見は学んだ陰陽、占などの技術によって人の運勢を診断することができたが、僧には三世も四世ものずっと前世からの因縁を知り、運命を知ることが可能だった。

両者のとらえたウラは、深さと時間の幅において決定的な差がみられる。人相見は現世にいる人のその時々の「運勢」をみたのであり、僧は輪廻転生を動かしていく因とその結果の「運命」をみたのである。因は果に対して動因として働くから、これが変わらないと果は変わらない。かくして何世にもわたる運命が生じる。

人相見は死霊を見破ることはできるが、人生全体の中にその意味を位置づけることはできない。対応もしない。それは僧の仕事である。僧は透徹した眼力をもって「どんな悲しみの秘密も、またその原因をなしている因縁の本質も知ることができた」。

人の心の執着や愛憎、悲しみの奥には必ず因縁の存在がある、としてそれを解説したのである。だから因縁に結ばれた二人を近く葬り、死霊を納得させることで、輪廻をここで停止させることができた。

僧から見た「世界」は死・生・未生から構成されている。前世・現世・来世と言ってもよい。この三界は因と果を媒介にして力動的に動いていく。三界の有機的関係について僧は知悉しているから「死」に出会っても、こうした関係の中に組み込むことができる。

一方陰陽道には死の思想は含まれていない。冥神祭祀もあくまで現世利益のためのものであった。したがって陰陽師が死霊に出会うことがあると、その対処法は防御と排除となった。死を陰陽道の体系に組み込むことができないからである。

相地の展開

みてきたように八世紀に設立された陰陽寮には令制では陰陽師が六人官人として置かれ、職員令（令義解巻一）では占筮・相地を掌る旨が記されている。（中国では相地とは「地理」「堪輿《かんよ》」（堪は天、輿は地の意）とも称された。）

相地の内容は、地形、地相を読み、災をさけ祥福のために地の吉凶を判断することである。具体的には東西南北の四方と山々の対応の様子をみるものであった。

既にとりあげた『日本書紀』推古十年（六〇二）冬十月の

百済の僧観勒来けり。仍りて暦の本及び天文地理の書、并せて遁甲方術の書を貢る。

が、地理＝相地＝風水の伝来と受容を伝える最古の史料である。

この相地は、都や宮殿、官衙を建設するための国家的土木工事や都市計画の際には必要な知であり技術であった。候補となった地の吉凶を知ることは国家経営上不可欠であり、それを調査する手段が相地だったからである。

古代史上都移りは珍しいことではない。新しい都は交通、防衛、人口等を考察して選定されるが、相地の思想と技術が伝来した後には新たにそれが加わることになる。

さて伝来の風水思想の基になっている中国の風水をみてみると、その対象には都市、宮殿、官衙建設と墓地建造がある。前者を陽宅風水、後者を陰宅風水と陰陽をつけて称する。東アジア各地には、儒教的な祖先崇拝の思想がみられ、祖先祭祀によって墓は重んじられた。祖先の墓の風水は、子孫の命運の吉凶に関わるとみられたのである。さらに陰宅と陽宅は二つながらなくてはならないものであり、これらを勘案しながらふさわしい地に設営すべし、と主張される。つまりは全体性を見た上での陰陽のバランスが重要である、と言っているのだ。

日本で陰宅風水が用いられるのは、陵の建設や改葬の時なのであろう（『紀』には墓地改葬の記述が推古を含めて多出する）。しかし古代を除くと陰宅に関する興味は残らず、陰陽のバランス、という思想も日本では広がりをみせなかった。時代が下るとともに、陽宅風水への関心も変質する。

陰陽道は鎌倉期には武士階級にも流布し、内容的にも広がっていくが、さらに室町期になると神道、密教、仏教を抱え込み、混淆し、より雑多なものになっていく。

この拡大変貌した陰陽道は、江戸期には広く庶民の間に流布していった。十八世紀より、従来の陰陽道の風水では扱ってこなかった家相が占われるようになった。専門家として「家相見」が登場する。もともと陽宅風水はあくまでも都市計画の一環として地相を観たのであって、家相を観ることはなかった。風水がきわめて個人化してきたのである。陰陽五行説、易学、方位、九星等を取り入れた家相学が成立し、家相書が作られると、家相見はそれに基づいて家相図を作り、地形と家の方向、間取り等から居住者の吉凶を占った。特に重視されたのが間取りと方位との関係で、幕末から明治にかけて家相見は盛んに行われた。

一方陰宅風水については、問題にされなかったと述べたが、その理由は日本の墓制と墓への意識のあり様にみられよう。確乎たる墓のない所に陰宅風水の思想は定着しない。

日本の墓制には埋葬と墓所が同じ場所である「単墓」と、それぞれ別の場所に設ける「両墓」の二種がみられる。両墓制の場合、遺体のない霊魂を祀るだけの墓は「詣り墓」、遺体の葬られる場は「埋め墓」といわれ、詣り墓には石造の死者供養塔や墓塔を建てた。平安後期から五輪塔の作例はみられ、中世には多くなるが、これは貴族や武士階級のものである。石造墓碑が一般化したのは室町期以降であり、近世では通常個人や夫婦単位で建てた。

単墓の場合、農村では死者は村の共同墓地に葬られた（個人墓もあったが、卒塔婆を立てるだけの簡素なものだった）。共同墓地には自然石や木製の柱等が印のために据えられることがあったが、石塔は置かれない。地下の棺が崩れると石造物は傾くからである。

ここには「立派な墓」という意識はなく、そもそも代々受け継ぐべき墓そのものもない。今日我々が目にする「先祖代々の墓」は江戸期にはみられないものである。しかしこの形態の墓は、幕末から明治へかけて流行をみる。この時期に庶民の家と先祖と墓がつながり、「先祖代々」が新たに生み出されたのである。

しかしこの新しい墓は、外見、サイズ、ステータス重視で造作されることが多かった。陰宅風水が用いられることはなかった。その理由の一つには、中国が先祖の墓を風水の対象にしたのに対し、日本では墓と先祖とを結ぶ意識が成立したのが新しいこと、墓制が異なっていること等があげられるのである。

参考文献

山下克明『陰陽道の発見』　ＮＨＫブックス　二〇一〇　日本放送出版協会
村山修一『日本陰陽道史総説』　一九八一　塙書房
中村璋八・藤井友子『五行大義全釈』　一九八六　明治書院
冨谷至・吉川忠夫訳注『漢書五行志』　東洋文庫　一九八六　平凡社
諏訪春雄『安倍晴明伝説』　ちくま新書　二〇〇〇　筑摩書房
岩田重則『お墓の誕生』　岩波新書　二〇〇六　岩波書店

宮内貴久『風水と家相の歴史』二〇〇九　吉川弘文館

引用文献

新日本古典文学大系36『今昔物語集　四』一九九九　岩波書店
新日本古典文学大系41『古事談　続古事談』二〇〇五　岩波書店
日本古典文学大系27『大鏡』一九六〇　岩波書店
新日本古典文学大系75『伽婢子』二〇〇一　岩波書店
小泉八雲『小泉八雲集』新潮文庫　上田和夫訳　一九七五　新潮社

4 社会変動期とウラ　幕末から明治へ―入巫の系譜

隠れたウラに出会いたいという願望があり、知りたいウラを呼び寄せる技が「ウラナイ」の原理であることは既にくり返しのべてきた。

無構造な占―憑依が選ばれるとき

この、ウラを知りたいという思いが拡大され、集団的集合的に共有される時期がある。それは社会の変動期である。大きな社会変動期には、旧い社会構造がゆるみ出し崩壊する。それに伴って価値観も生活も変わってしまうので、旧来の思考方法や生き方は通用しなくなる。誰もが自分たちの今いる現在位置がどこに通じているのか、どんな未来とつながっているのかを見通せない。来るべき新しい社会に対応する生き方がイメージできないまま、不確実で不安な中を手探りしながら生きることになる。

日本近代の始まる幕末から明治にかけては、この大変動期の一つである。前近代のそれなりの安定が崩れ、否応なしに明治という近代にさらされた民衆は、体験したことのない「近代」を生きる支柱を、意識的にも無意識的にも求めた。知りたいと思うその内実は、社会的矛盾の超克や、新しい社会に対応可能な生き方の方法、生活、理念、道徳から社会情報などなどの多岐にわたっていた。そしてそれぞれが切迫したものであった。こうした意識的・無意識的な要請に対し、この期には新しい民衆宗教を唱導する女性開祖が輩出し、この切迫した問いに答えた。

ここで求められたウラ、新しい社会のイメージと生活指標などは、構造的技術的占では読み解くことが不可能であった。なぜならば、構造的占の基本原理は多くが循環であるが、一つの次元での循環を超えた新しい次元に社会全体が突入してしまったからである。このようなときには、循環の法則はほぼ無効である。また、循環を強調せず「偶然の一致」に深甚な意味を読みとる「易」などの技術系占でも、出てきた卦はシンボリックなので、これを現実に対応させて具体的に解読するにはどうしても経験則や経験知に頼らざるを得ない。けれども社会変動期には経験知が有効に働かないことは言うまでもない。

したがってウラに接近し、新しい世へ向けた情報を得るためには、構造的技術的占以外の方法が用いられた。開祖たちは憑依という（原理的には無構造な占の）方法でウラとの回路を開き、交流したのである。

一尊きの（如来教）は身寄りを持たず、そのため死後は成仏できないとされた単身者の不安を受け止め、中山みき（天理教）は家の中で労働に明け暮れながらも最も力を持たない農村の嫁に安息を与えた。出口なお（大本教）は不平等不公平な世を痛烈に批判した。

彼女達が救済の手を延べたのは、変貌する社会の最も下層におり、最も矛盾にさらされている女性と細民であった。そしてそれぞれ新しい世が来る、解放は成就されるとのべ、新しい世にふさわしい生き方の支柱となる思想を語った。開祖たちは変革期の人々が知りたいと願う、民衆的集団的な悩みの解決のためにウラを説いたのである。

三人の開祖たちには、開教に到る人生上のプロセスに類似共通点がみられる。開教の時期が個人にとって（何かが孕まれつつある、という準備期間を含めて）バイオロジカルな節目にあたる中年期または初老期であること、生活者としての苦悩がつのり、精神は破断に近く追い詰められた個人的危期にあったこと、さらには時代的危機と個人の人生が重なっていたことがその共通している点である。こうした状況の中で、三人はそれぞれ入巫（憑依、神がかりのこと）し、新しい宗教を開教した。入巫体験なしには三つの宗教は誕生しなかったにちがいない。その理由は、のべたように開祖が示したウラは、構造のある技術的な占によってのものではなく、開祖が直接ウラと対話して得たものだからである。そしてこの対話がなぜ可能になったかといえば、入巫によってウラと関わる能力を手に入れたからである。

ここでは時代のオモテと三人の開祖が語ったウラをみていきたい。

しかし、その前にウラと関わるための必須の条件となった、入巫のプロセスを簡略に語っておこう。

心の構造と入巫のプロセス

ウラは人間でないものが支配する世界である。だから人は日常人格のままではウラを知ることはできない。しかし鍛え上げられた自我があり、さらにウラと対話する能力と方法を獲得することができると、それはウラを知る一つの強力な条件となる。

なぜだろうか。心を媒介にしてそれらを考えてみよう。

人の「心」は限定的でせまい意識の部分と、広大な無意識の部分から成り立つ。さらに無意識は個人的無意識と、その遥か奥にある集合的（普遍的）無意識から成り立っている。

個人的無意識は個々の人が忘れ去ったものや、意識していたくなくて遠ざけた結果、無意識領域に追いやられたものから組成されている。したがってこれは個々人に固有の無意識である。集合的無意識とは、個人を超え人類が共通に持っている人類の心の原郷ともいえる無意識のことである。現在を始源や遠い過去に結びつけ、今を生きる我々を揺さぶる力を持った特別な物語のことを「神話」と呼ぶが、その神話生成の機能を持つのがこの部分であ

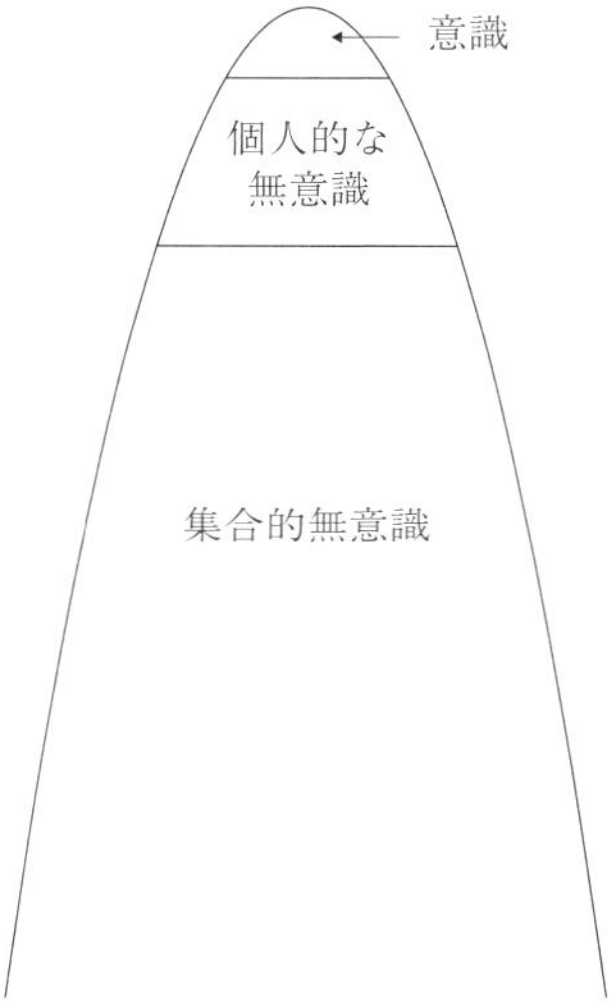

図１　心の構造１

る。集合的無意識の部分が活性化されると、人を超越的世界へつなげる神話や宗教がここから浮上する。しかしまた一方では、強大な破壊力もあわせ持つのが集合的無意識である。

人は自分の個人的無意識を、夢等を介してかろうじて認識することはできるが、集合的無意識を体験することはまずない。この稀有な体験がみられるとすれば、それは極限の疲労困憊のとき、極度の精神的苦痛に陥ったとき、および統合失調症発病前夜である。

こうしたときには、意識的日常自我に亀裂が生じ、その奥の個人の無意識まで傷つき、（象徴的にいえば心破れて）、その裂け目からさらに奥に広がる集合的無意識がふき上がってきて、弱まった自我を圧倒する。あるいは自我は無傷であっても、無意識の圧が極度に高まってしまい、深部の集合的無意識が姿をあらわす。

この状況になると睡眠障害がおこり、悪夢や何か大へんなことが起こりそうだという確信的予感、自分が消滅してしまうにちがいないという恐怖を感じる。

ここをうまく通過できるか否かが要である。自我が破壊されれば人格はバラバラに解体し、精神の病に陥る。しかし強靭な自我があり、それが致命的な傷を負わずに成功裡に通過することができると、集合的無意識のもつ豊饒な世界と関わる力と方法を手に入れることができる。

通過の要点は、この世界に対し「正面から直向い、対話すること」である。集合的無意識は巨大エネルギーを持っているため、逃げると背後から人を襲い、呑み込み破砕する。

この恐るべき世界に出会ったとき、自我喪失もせず逃亡もせずに対話を開始できる者は、確固たる自我の持ち主である。対話は対象と自我の間に生じるものだから、自我が脆弱だと、強大な対象との間には成立しないのだ。

強い自我とは、柔軟で自在、ねばり強い人格のこと。これが条件である。この条件にかなう者のみが、対話を通して集合的無意識のもつ富をくみ上げることが可能になる。

そのときには、こうした状態―自我が集合的無意識と出会い、葛藤を経て折り合いがつけられるようになるまでのプロセスを「入巫病」と称する。

さらにこの病を経た者が巫者の力を持つ者となる。

巫者とは、ウラの力をこの世に示すことのできる者のことである（ときにそれは技術の媒介なしに行われる）。

またウラの世界から入巫病にいざなわれることは「召命《コーリング》」といわれる。

入巫はほとんど受動的に集合的無意識のウラの世界から選ばれ、お召しをうけるところから始まるとされる。集合的無意識との出合いは、失敗すれば、病の発症とされ、成功した時には召命による入巫として意味付けられ価値を与えられるのである。入巫病の後に手に入れるウラと自在に交わる能力は、自我が集合的無意識と生産的関係をとり結ぶことで生まれるが、生産的関係とは対話する関係のことであり、その重要性はいくら強調しても強調しすぎることがない。無意識と関わるときの最大の要である。

さて、集合的無意識から出現したイメージや言説は汎人類的世界に由来しているために、圧倒的な印象と広範な説得力をもつ。

こうした言説の主体（集合的無意識そのもの）が人格化されれば超越者や神になる。

開祖たちは物理的社会的心的苦境の中で無意識の噴出を体験し、さらに強靭な自我をもって自我を解体させずにここを潜り抜けた。集合的無意識の体験は、神的なもの聖なるものとの出会いである。聖なるものの本質についてルドルフ・オットーは、戦慄的であり恐怖を伴うが、また魅惑的であり、圧倒的な畏怖の感情を呼び起こすものと定義し、それを「ヌミノース」と呼んだ。開祖たちは対話を通してヌミノースなものに開かれていった。

憑依し、ときに自ら神となって語ったが、神との対話は失われることはなく、自我を捨て去ることもなかった。憑依の後は人間としての個に戻ることができた。

集合的無意識は、深遠なウラの情報の沃野である。入巫病を経ることで可能になった集合的世界と関わる力を用いて、開祖たちは自ら汲み上げたウラの情報を発信し、社会化したのだった。

なお、このような入巫病は、バイオロジカルな節目におこると記したが、中年期初老期以外だと思春期青年期に発しやすい。思春期青年期の例は宮澤賢治を例にあげて後に述べる。

はじめに一尊きのと如来教をみていきたい。如来教は幕末維新期に展開した民衆宗教の、先駆けともいえる宗派である。

一尊きのと如来教

きの（一七五六－一八二六）は江戸中期の宝暦六年尾張国熱田の農村に生まれる。幼少から孤児であった。十三歳で女中奉公し、二十三歳で農村に嫁入るが夫に裏切られ、子を持たないまま離婚して再び女中奉公に戻る。仕えたのは藩の重臣の家であった。四十歳で主人の死を機に辞職して郷里で自給的な農業やいささかの副業を営みながら、夫や主人のいない孤立した女の一人ぐらしを続けていた。時は寛政である。藩財政再建のために農民には新税が課せられた。慣れない零細農を営むきのには精神的緊張と葛藤が加わる。一方この時期に迎えた養子とその父との間には経済的葛藤があり（簡単にいえばきのに寄食していたのである）、きのの心労は蓄積していった。しかし経済は表層（オモテ）の問題であり、奥（ウラ）には単身者の霊魂の救済という、より大きなものが潜在していた。そしてその問題に答えるため、きのは新しい人生を開く。

享和二（一八〇二）年、四十七歳できのは突如神がかり（憑依）状態になり説教を行った。幕末より五十年ほど前のことである。

きのの生存時期は十八世紀後半から十九世紀初頭だから、幕藩体制の相対的安定期である。しかし細部には体制を支える社会基盤に変化の兆しがみられていた。尾張藩では天明・寛政の藩政改革を一つの契機として農民層の分解が進み、商品生産の発展が顕著になりつつあった。農民層の固定は封建社会基盤の要であるが、これが揺らぎ始めていた。寛政期以降は日常生活の中でも貨幣が大きな力を持つようになり、それとともに古くからの共同体的信頼関係が崩れ、個別的な利害の追求が目立つようになる。このような社会情勢の矛盾は武士商人職人農民を問わず、全階層を直撃したが、とりわけ先鋭に受けたのは貨幣経済の恩恵に浴さない零細没落百姓であり、わけても農村の単身者女性であった。単身者きのは貧困窮乏の困苦に陥ったが、助けはどこにも求められなかった。きのには経済だけでなく、もう一つの苦悩があった。それは「先祖」と「子孫」がないことだった。

さてわが国には、祖先崇拝という民俗思想があった。村社会に広くいきわたった思想である（村社会の成立は近世初頭にかけてであると思われるので、その範囲内で祖先の問題は考えなければならない）。先祖なら誰でも祀られる、というのが祖先崇拝ではない。祖先とは、家の創設者や子孫に生活基盤を残した者のことで、こうした人々が祀られて年忌法要をうけた。この法要は追善供養で、これが生前善を十分に積めなかった故人に代わって子孫が善を追加する機会となった。この追善法要が、祖先崇拝の構造を形作ったといわれる。

祖先崇拝を一言であらわすと、子孫に何らかの恩恵をほどこした家の先人と子孫との間に成立する信仰のことである。家の永続を価値とする社会では、祖先が子孫を庇護する、という信仰を媒介として祖先祭祀が行われる。つまり先祖は祭祀を受け、子孫は先祖の霊魂の庇護を受けるというように、両者の間には一種の互恵関係が結ばれたのである。跡継ぎには祖先祭祀の役が義務として課せられたが、これはまた権利でもあった。

供養を絶やさないことで先祖と子孫はつながり、「家」は守護されて続いていく。この関係の中にいる限り、人にはある種の安寧が与えられていた。

先祖祭祀が定着すると、近しい祖、記憶の届く祖たちの供養も行われた。曽祖父母、祖父母、親等が先祖の概念の中に入り、やがて中心を占めるようになったのである。

一方、供養を受けない霊は成仏できないと考えられた。そうした未成仏霊は「三界万霊」と呼ばれた。この時代、家という観念からはこぼれ落ちてしまい、安心立命を得られない一群の人々が多数存在した。後継者（養子を含む）に恵まれず家の存続が望めない人々、相続すべき家を持たない者、もとより相続が問題にすらならない単身者たちである。彼らはこのままでは先祖を持たないため庇護されず、子孫を持たないため供養されない。したがって成仏が願えない。死後は未成仏の三界万霊として、この世とあの世の間を永遠にさ迷わなければならないのだろうか。

入巫病を経てウラに触れたきのは神がかりし、農婦きのではなく宗教者「一尊如来きの」となり、新しい人格を得たうえで「子孫」による「先祖」の供養とその思想を逆転させ、この問いに答える。ウラは新しい理論を示したのである。

長い輪廻転生の間に人は、今日では他人であるような多くの人と親子関係を結んできた。したがって血族、他人という区別は無効であり、無縁仏と有縁仏、現実の人間という三者は区別する意味のない存在である、ときのは説いた。さらに行うべき供養は、自分の先祖の霊に対してではなく、何世代にもわたる輪廻転生の過程で何らかの縁をもったすべての霊「万霊」に対してであり、そうした万霊の救済を願うことによって現世の人間も救われる、と続ける。

当時の先祖と子孫の範囲を拡大し、悠久の輪廻転生の中にそれらを移しかえた上で、先祖と子孫の関係をとらえ直した言説である。

きのがかつて抱えた根源の苦悩は、死後の供養を望めない単身者の自分、継承し、また継承させるべき「家」や子孫なき者は救われるのか、という疑問から発していたと思われる。従来の見方では、きのは「万霊候補」の一人であった。のべたように、これは彼女一人に抱かれた孤立した疑問ではなく、この時代を生きる、同じ立場の多くの人々に共有された切実な問いであった。

さらに、家と祭祀の思想は、そこから落ちこぼれた者を、自分の安心立命の断念という以上に恫喝した。なぜならば、先祖の供養は「道徳」にまでせり上がっていたからである。道徳に反することは、「人の道」に反することでもある。この道徳や人の道、という思想は人の心の内側に根付いていた。自ら自分自身をしばる内なる規範、道徳心になっていたのである。これを精神分析の用語で「超自我《スーパーエゴ》」という。

きのの前にあらわれたのは、個々の悩みを持った一人一人の個人であった。きのはそれらの悩みを集約し、人間の苦しみとそこから生じた実存的疑問にまとめ上げた。その上で、それに対してどうすればよいのかの回答を提示したのである。

「自分は一代きりで子孫がないのだが、どうすれば成仏できるのだろうか」の問いに対して、ある技法を用いて「〇〇すればよかるべし」という答えをウラから引き出せば、それは占である。技法の使い手も当然占者である。しかし普遍的問いに対し、ウラの情報に基づいて答えるのは宗教の役割であり、答える者は宗教者である。技法の占いは呪術と結ぶが、宗教は思想と結ぶ。そのような宗教は、人を内側から支配し規制する超自我《スーパーエゴ》を、（部分的にであっても）解体させ、そこから解放する。その作業とともに思考の枠組みを変化させ、新しく構築された「世界観」の中に人を置くのである。「我が親が助度《たく》んば、先祖を願はしやれ。先祖が助けて貰い度《たく》んば、三界万霊を願はしやれ。」（御つゞり御説教）

経典「お経様」の一節である。ここでは先祖と三界万霊の力関係はほぼ逆転している。逆転によって更新された世界像の中で、旧来の世界では秩序からはじき出され、落ちこぼれた人々は居場所を保障される。きのが神がかりを通し、ウラから引き寄せた回答は、各家々の先祖祭祀を超え、万人の救済へと向かう、思想的広がりを持った革命的なものであった。

中山みきと天理教

天理教は幕末維新期に誕生した、近代日本の最大の民衆宗教である。開祖中山みき（一七九八―一八八七）は、寛政十年に生まれ明治二十年に没している。

この時期は、幕藩体制の動揺が激化する文化・文政から幕藩体制最後の建て直しとなった天保の改革、幕末動乱を経て明治二十年に至る九十年である。

みきの生まれは大和国山辺郡の耕作地主の家である。生家は現在も保存されていて見学することができる。生家の構えやつくり、鳩をかたどった屋根の棟瓦の意匠の優美さや、台所のカマドの多さなどからは、豊かな家であることがうかがえる。こうした環境からみきは識字者だった。彼女は十三歳でイトコに当たる耕作地主の中山家の跡取り息子に嫁す。婚家のある北大和は先進的農業地帯で、この時期には綿・菜種などの商品作物の生産が盛んだった。中山家は商品作物の仲買も営み（「綿屋」の屋号を持っている）、現金収入も得ていたため、村で一、二を争う地主であった。

封建社会末期、相対的に豊かな家に嫁したとはいえ嫁は嫁である。期待されるのは労働力であり、舅姑に仕えながら「家」の血統と家業を守るために家政を切り盛りし、人を使って農事を行い、綿屋の業務を取り仕切った。六人の子を産んだが、そのうち男子は一人だった。この唯一の男子は十七歳のとき、突如耕作ができないほどの下肢の障害に陥る。農家の主婦であるみきにとって、これは生涯最大の惨事として受け取られる。一人息子が農民として機能しなくなれば、中山家は農家としては破綻する。長男と家と家業は分かち難く結びつき、長男が家業を継ぐことで先祖（悠久の先祖ではなく、生業の基盤を作った先祖）以来の家は存続した。家の存続と家業の継続は同義という封建社会の論理から、中山家は危機を迎えた。医者や薬を求めたが、効果はなかった。かつてみきは自分の努力才量と忍耐で家を支えてきたのだが、事あるごとに彼女が発揮してきたそうした能力では解決が望めない出来事に出会ってしまったのだった。しかもそこには封建社会最大の「価値」と「意味」の源泉である家の存続がかかっていた。嫁としての自己評価も揺らぎ、ひどく低下したことだろう。家業相続者をそれができない身体にしてしまった嫁（母）は、不可抗力だったとしても義務を担うことに失敗したものである、と。

追い詰められた彼女はついに神がかりし、「天理王命」「親神」と名乗った。ウラの世界から、古事記や日本書紀の神々の戸籍系譜である神統譜にはみられない新しい神が誕生する。

このときを境にみきは封建社会の嫁・妻・母という女性の役割から自らを解放する。神となったみきの初めのころの言説には「これまでの　ざんねんなるハ　なにの事　あしのちんばが　一のざんねん」（おふでさき）とあるように個人的なみきの家族が襲われた当時の事故への言及がみられる（なお、おふでさきは、神がかりしたときの言説、「御筆先」）。しかし次第に個人の体験を超えて封建社会や道徳を相対化する方向へと、その言説は向かいはじめた。みきはこの転換を「おふでさき」で次のように記す。「いまゝでハ　うちなる事を　ばかりなり　もふこれからハ　もんくかハるぞ」。以後は普遍の悩みを引き受ける、という宣言である。

最初の救済の対象になったのは、産の忌みであった。封建農村には土俗呪術的習俗が蔓っており、産もこうした習俗の中に位置づけられていた。そのため、出産時、女には多くの禁忌が課せられ、七十五日という長い制約のもとに置かれた。これが農村の女にとっては桎梏となっていた。嫁の労働がなくては家は立ちゆかない。出産後すみやかに復帰するのは女の悲願であった。

みきはこうした女の悩みに答えるに、まず呪術的思考は根拠のないこととして排すべきことを伝えた。「このよふに　かまいつきものばけものも　かならすあるとさらにをもうな」（おふでさき）。

この世には憑き物や化け物は決していない、と断言する。そのうえで、「ふしぎなたすけハこのところ　おびやはうそ（帯屋疱瘡）の　ゆるしだす」と「みかぐらうた」にあるように、産の忌みに対する禁忌は無用であるとした。さらに「またたすけ　をひやちうよふ（帯屋自由）いつなりと　のばしたりとも　はやめたりとも」（おふでさき）と、出産日も早めたり延期したりの調節が自由にできると説き、神による安産の守護として「帯屋ゆるし」を与えた（帯屋は安産を意味する）。農村の女にとってこれは福音であった。長い伝統となっていた習俗を裏切る恐怖やうしろめたさなしに呪的習俗から離脱できた。おまけに神の加護まで与えられた。みきは当時の女のもっとも切実な問題に、物理的にも心理的にも応えたのである。

　みきの思想はさらに展開していくが、その言説の中で注目されるのは、人間の平等性を強調したことである。支配層は高山、民衆は谷底と表現されるが、両者の関係はおふでさきの中でくり返し語られ確認されている。「高山に　くらしているも　たにそこに　くらしているも　おなしたまひい（魂）」「高山に　そだつる木も　たにそこに　そたつる木も　みなをなじ事」「しかときけ　高山やとて　たにそこを　まゝにしられた　事であれども」「これからわ　月日（親神であるみき）かハりに　でるほどに　まゝにしよなら　すればしてみよ」（おふでさき）。支配層にいる人も民衆も同じである。かつてのように支配者というので人々を意のまゝに扱うならば、民衆に代わって親神であるみきが出る、と激しく言挙げする。不平等と対峙するみきの内には「せかいぢう　いちれつわみな　きよたいや　たにんとゆうわ　さらにないぞや」とあるおふでさきにみられるように「一例《いちれつ》兄弟」の世界人類同胞思想があった。この思想によって階層は無効化されたのである。

　「一例兄弟」の平等思想を夫婦に当てはめたとき、導き出されるのは平等な夫婦関係である。みきは平等な両性からなる夫婦中心の家族観を幾度ものべていた。みかぐらうたには神が作った夫婦によってこの世が始まる、という記載がある。「このよのぢい（地）とてん（天）とを　かたどりて　ふうふをこしらへきたるでな　これハこのよの　はじめだし」。平等は神によって保証されている。こうした夫婦によってなされるべきは神への奉仕であった。「ふうふそろって　ひのきしん　これがだい、ち　ものたねや」（みかぐらうた）。日の寄進は親神へ奉仕することである。信仰生活の基本（ものだね）とされているが、これを夫婦で行え、とのべているのである。その上で夫婦が心を安穏に保ちながら（「ふたりのこゝろを　をさめいよ」（みかぐらうた））、従うべきは「よふきづくめ」（陽気尽め）の教えであり、理想とされた世界は「陽気暮し」であると語った。「いつもたすけが　せくからに　はやくやうきに　なりてこい」（みかぐらうた）。陽気暮しが成り立った時には、この世が極楽になる、とされた。「ここはこのよの　ごくらくや　わしもはや〳〵　まゐりたい」（みかぐらうた）。かつてのみきは浄土宗信仰圏に住む篤信者の一人だったが、浄土宗でいうあの世の極楽、西方浄土の思想を逆転させたのである。

これらにみられるみきの主張は、徹底した現世中心の思想である。人々の日常を送るこの世に価値を置いて、日常を生きにくくしている観念を排した。その中には、みてきたように身分制度、家父長的家族道徳等が含まれていた。

みきに憑依した「天理王命」は、別名「親神」である。記紀神話には祖神や皇祖神が登場しているが、「祖」は「親」よりも観念的である。みきに顕れたのは祖神でなく親神であり、みきは理想化された「親」と神とを重ねた。親が子を無条件にいつくしむように、親神は人間を一律平等に愛する、と説いたのである。家父長的序列から最も疎外されているのは女であるが、みきは平等をそこなう束縛に敏感に反応し、これを排除することに力を注いだ。

開教の地は「おやさと」と呼ばれる。実家（さと）に帰る身を憚る農家の嫁に向かって「ここがお前たちの真の実家であり、万人にとっての実家であり、世界の中心である」と指し示していることを、その名はあらわす。今日でも農家の嫁の帰郷の日をかたどった仕掛けの一つとして「お帰りなさい」と大書されたしつらえが、天理の駅前には見られる。帰郷の切実さはもはや現在の社会にはありえない、と思われがちである。女の慰安はすでに達成され、里帰りは過去を呼びおこすなつかしく、しかし古めかしい言葉の一つにすぎないのだと。しかし次のような文章に接するとき、それが早計かもしれぬと考えさせられる。

「わたしは北陸育ちである。女の働きなしでは持たないのに、女の地位が低い。とりわけ、嫁にとっては婚家は姑の監視つきの二四時間勤務の職場。そういうところでは、盆暮れに数日帰る「うちの実家」だけが、嫁にとって息抜き出来る場所だった」（『不惑のフェミニズム』上野千鶴子）

ここで上野は遠い過去ではなく、母親の代の話と述べている。新潟県にある地域福祉事業の名称「うちの実家」をとり上げ、このネーミングに刺激をうけて上野は以上の文を起こした。

「実家」という実態、あるいは観念の持つ救済力は、今もなおどこかで有効性を持ち続けているのかもしれない。

出口なおと大本教

大本教は国家権力による激しい弾圧を受けた宗派として知られる。開祖は出口なお（一八三六―一九一八）。なおは京都福知山で生まれるが、出生の天保七年は、全国的な大飢饉に続き一揆が多発した年であった。生家はかつて藩の御用大工をつとめた家柄だが、父の代に没落し、家業の大工を廃業してしまったので、一家は奉公人としてそれぞれがたつきの道に離散した。なおも奉公人となった。十九歳になったなおは大工の政五郎と結婚する。父と同じ職業の夫を婿に持ったので、父の代に失った家業を再興することができ、八人の子を育てた。絶えた家業を再び興すことは家を興すことと同義と考えられていたから、なおはこの時点では何とか成功者の部類に入れていたのだった。内実は大酒飲みで金銭感覚のない夫の後始末に追われ、忍苦の日々を送っていたのであるが。五十歳になるころからなおには大きな不運が押し寄せるようになる。まず夫が仕事先で高所から落ちて負傷し、長年の飲酒の結果の中風も加わって床についた。収入は途絶えたが夫の飲酒は止まらなかった。長男は家業を嫌って自殺をしたが未遂に終わり出奔した。その後行方不明となる。翌年には夫が死んだ。やがて三女と長女が相次いで精神に変調をきたした。なおは紙屑やボロ屑買いの肉体労働で一家の経済を支えていたが、心身ともに疲労困憊の極に達し忍耐の限界を超えた時点で神がかりが始まる。明治二十五（一八九二）年、なお五十六歳であった。

生活者としての彼女に苦難が重なる時期は、明治十年代から二十年代である。十年代は地租改正が農村の階級分化と構造変化を生んだ年代として記憶される（この矛盾からか、なおの村では急性精神病発生のあまりの多さに区長が府知事に救援を求めた手紙が残っているという）。二十年代は日本の資本主義路線が軍事力を背景として本格的に踏み出した時期であった。日清戦争の勝利を通じて、日本は帝国主義に突入するが、開教のころは、その直前にあたっていた。

なおは非農民であり、職人としての家業の継承からも見放されたために、階層社会の中では最底部に位置する細民に落ちていた。家族を包摂して養うことができないために子供をすべて奉公に出し、彼女は単身のその日暮らしの者となった。この状況から這い上がる手がかりはどこにも見出せなかった。維新の恩恵は及ばず、世の変化から取り残されていた。

出口なおの肖像

「三ぜん世界一同に開く梅の花、艮《うしとら》の金神の世に成りたぞよ（中略）神が表に現れて、三千世界の立替立直しを致すぞよ。用意を成されよ。この世は全然《さら》、新つの世に替えて了うぞよ。三千世界の大掃除を致して、天下太平に世を治めて、万古末代続く神国の世に致すぞよ。」

突然の開教宣言である。神は艮《うしとら》の金神、と名乗った。艮《うしとら》は北東を指す。ここは鬼門といわれ、陰陽道では

入巫当時の宅地の跡

鬼の出入口とみられていた。全方位の中で最も不吉で恐ろしい災厄の場とされる。誤った触れ方用い方をすれば、破滅と滅亡に至る。だから建築物もこの場所は閉じて作る。忌まれ、封印された場所であり、決してオモテになれないウラなのだ。この忌まれたウラから神が立ち、ついにオモテに出現した、となおは説いた。艮の強力な破壊力を具現した神である。ここにはなお自身の投影もみられる。最も低い階層に堕ちていたから、艮の金神は極限まで拡大されたなおの自画像の局面を捨てきれない。同時に同じ階層に属する人々の、拡大された集団的自画像でもあるだろう。

神は巨大な力をもって世の立替え、立直しを主張した。なぜ世の更新が必要なのかについて、なおは神として次のように語る。「世界にはうんぷ（運、不運）が無きことに致さぬと、今までは、あまり、うんぷがありたから、人民に改心をいたさして、世界を枡掛け引くのざぞよ。改心一つでよくなるぞよ」（筆先）。「あまり此の世に大きな運否《うんぷ》が在るから、何方の国にも口舌が絶えんのであるから、（中略）世を治めて、口舌の無い様に致すぞよ」（大本神喩）。

人の身の上には運、不運の差がありすぎた、とはなおの実感だろう。努力と忍耐を重ねても動かし難い不運が、この世には存在する。これは不条理である、と断言される。「運、不運」と表現された社会的不公平を一気に解決する手段として「世直し」が説かれ、神による世の立替え、旧世界の解体から新秩序の構築と、それに対する心の備えが語られる。「世界のものよ改心を致されよ。世が変わるでよ。改心次第で助けるぞよ。疑念強きものは厳しき戒めいたすぞよ」（大本神喩）。厳しい終末論である。

この世直しに臨む心備えの中心は「改心」である。それも「上に立ちて居る人」、「我よし＝利己《われよし》主義」の人、つまり弱者を押しのけて自己の利益だけに集中している人に鋭く向けられる。

自分の利に時めいている利己主義者は、改心しなければ時めかぬ忘られた場所から現れた艮の金神の怒りから逃れられない。「上に立ちて居る人は悪の守護であるから、気儘放題好きすっぽう、強い者勝ちの世の中で在りたなれど、見てて御座れよ、是から是迄の行り方《や》を根本から改正さして了うて、新《さら》つ世の治り方に致すから、今迄に上に立ちて居りた人は、大分辛う成りてくるから」（大本神喩）。「今迄のような強いもの勝ちの世の持ち方は、神が赦《ゆる》さんぞよ」（大本神喩）。われよし、階層社会の上にいる強い者勝ちの者は、このままの生き方を続けていれば、神の処断による没落が待っている。「世直し、立替え」は、階層の逆転を内包した思想となっていった（のちに教団が大きくなっていったとき、国家権力は不敬罪と治安維持法違反を理由に大弾圧を加えたが、天皇制国家によって危険視された原因は、こうした教義の中にもあったと思われる）。

なおは開教（最初の神がかり）直後にはしきりに国家的事件の予言を行った。国民の大多数がその時点ではそんなことが起こるとは予想もしていなかった日清戦争（唐とのいくさ）開戦に関するものである。のちには日露戦争の予言をも語った。日清、特に日露戦争を国民は「新興国日本」の国家存亡をかけて戦った。なおは息子清吉の戦死を体験している。しかし国民総体をまきこむ国家間戦争がいかに大事件とはいえ、それはあくまで表層の出来事である、となおは述べる。そしてそれらの背後には、世を立て替える艮の神の意志が厳然とひかえているのだ、と主張する。究極のウラの神が、ウラにあって、オモテであるこの世の存続の要になっている、と宣言しているのである。開戦の予言は占の次元に近いウラの提示である。しかし開戦へと社会を導いていった根本的なウラがあり、そこから発せられる原理によって世界は動いていく、とウラの示す原理性にまで踏み込んだとき、その言説はすでに「占」を超え、宗教の次元に飛躍しているのである。

柳田國男「先祖の話」『定本柳田國男全集10』一九六九　筑摩書房
村上重良　日本思想大系六七『民衆宗教の思想』一九七一　岩波書店
島田裕巳『教養としての日本宗教事件史』二〇〇九　河出書房新社
神田秀雄「如来教の宗教思想」『仏教と日本人』11　一九八六　春秋社
中井久夫『治療文化論』一九九〇　岩波書店
宮本忠雄「日本型教祖の成立」『こころの科学』43　一九九二　日本評論社
上野千鶴子『不惑のフェミニズム』二〇一一　岩波書店
伊藤栄蔵『出口なお　出口王仁三郎の生涯』一九九九　天声社
大本神諭編纂委員会『おほもとしんゆ』一九八三　天声社
ルドルフ・オットー『聖なるもの』岩波文庫　山谷省吾訳　一九六八　岩波書店

5 ウラと詩人　宮澤賢治の場合

ウラを知りたいという願望が、歴史の転換期には社会に噴出すること、そうした切望が集団的意識的かつ無意識的に存在するところで、社会の矛盾を集約的に生きたある個人が入巫体験を経てウラに通じる能力を持つことを述べてきた。そうした個人の中のある者は、社会の要請に応えて、旧社会が滅び、新しい世界が到来することを予言しつつ、古い価値の解体と、提示されるべき新しい思想を主張した。

ところで、こうした歴史の大きな切れ目に居合わせないにもかかわらず、ウラに通じる能力を持ってしまう人がいる。ウラを知りたいという社会の側の強烈な要請が、変革期と比べて相対的に減じているため、彼の能力は社会に対する予言としては開花せず、ウラの消息は個人の文学作品として結実した。すぐれた作品が残された。しかしそれだけではない。ウラは彼に特異な生き方を迫ったのである。

孤高の天才

宮澤賢治の名は、「風の又三郎」の作者、「雨ニモマケズ」の詩人として、今日誰もが知っている。そもそも作品自体が厖大なのだが、すべからく彼の作品は、内容の豊かさや思想の深さや宗教性がきわだっており、作風とテーマは同時代の誰のものにも似ておらず、孤高の天才ぶりを示している。けれども、これらを生み出した賢治は、たった三十七年の、それも波瀾の多い人生を生きただけであった。短期間になぜ質量ともにすぐれた作品を残すことができたのだろうか。特に後期作品は神秘的秘教的な色彩を帯びるが、こうした認識の深さと旺盛な創作意欲は何に由来するのだろうか。

彼と現実の宗教とのかかわりをみれば、賢治は法華経を信奉する熱心な実践的宗教者であった。家の宗派は念仏宗徒の浄土真宗である。明治大正期には家の宗派と一村の宗派は同じであって、村内は同一宗派に属したから、彼の信仰は村内でも家族内でも異質である（大正七年の友人保阪嘉内あての書簡には、家の信仰にあきたらない思いが綴られている）。当然ここには大きな心理的葛藤と衝突が生じる。あえてそれらを引き受けて父と争いながら、異質の宗派を選びとったのだった。家の改宗を目的に身を寄せたのは、日蓮宗の教団「国柱会」である。大正九年の同じく保阪あての書簡には、「今度私は国柱会信行部に入会致しました。即ち最早私の身命は日蓮聖人の御物です。従って今や私は田中智學先生の御命令の中に丈あるのです」と記されている。国柱会の当時の中核的存在であった田中智學は、「正法（仏）が王法（国）に合体して正義始めて世に立つ」と主張する国粋主義的日蓮主義の理論家である。しかし田中および国柱会への傾倒にもかかわらず、賢治の作品にみられる宗教性は一宗派のプロパガンダ性を持ってはいない。国粋主義等の狭量な思考は片鱗もみられないどころか、あるのは宗派や特定の教義を超えた汎宗教性、あるいは根源的宗教性とでも言えるものだ。彼はどのようにしてこうした根源性を手に入れたのだろうか。

これらを理解するために、まず賢治の詩作品を例に分析を進めていきたい。

詩作品にみるウラ

東北地方には、先祖や死者の魂を鎮め祀り供養するための盆の行事、念仏踊が広く行われている。その一つである「剣舞《けんばい》」を素材にした詩に「原体剣舞連」がある。

dah-dah-dah-dah-dah-sko-dah-dah

こんや異装のげん月のした
鶏の黒尾を頭巾《づきん》にかざり
片刃の太刀をひらめかす
原体村の舞手《おどりこ》たちよ
鴾《とき》いろのはるの樹液を
アルペン農の辛酸に投げ
生しののめの草いろの火を
高原の風とひかりにさゝげ
（中略）
月月に日光と風とを焦慮し
敬虔に年を累《かさ》ねた師父たちよ
こんや銀河と森とのまつり

准平原の天末線《てんまつせん》に
さらにも強く鼓を鳴らし
うす月の雲をどよませ
Ho!　Ho!　Ho!
　むかし達谷《たった》の悪路王《あくろおう》
　まっくらくらの二里の洞《ほら》
　わたるは夢と黒夜神《こくやじん》
　首は刻まれ漬けられ
アンドロメダもかゞりにゆすれ
　青い仮面《めん》このこけおどし
　太刀を浴びてはいっぷかぷ
　夜風の底の蜘蛛《くも》おどり
　胃袋はいてぎったぎた
dah-dah-dah-dah-dah-sko-dah-dah
さらにただしく刃《やいば》を合はせ
霹靂《へきれき》の青火をくだし

鬼けんばい

四方の夜の鬼神をまねき

（中略）

dah-dah-dah-dah-sko-dah-dah
太刀は稲妻萓穂《かやほ》のさやぎ
獅子の星座に散る火の雨の
消えてあとない天のがはら
打つも果てるもひとつのいのち
dah-dah-dah-dah-dah-sko-dah-dah

ダーダーダーダーダースコダーダーという太鼓の音にうながされて、剣舞の踊手が登場する（現実の剣舞でも用いられる楽器は笛、太鼓、銅拍子《どびょうし》。その中を南無阿弥陀仏の口拍子で舞手は活発に踊る）。これは現在の光景であり、東北の村々に見られる盆行事の一つにすぎないものだ。しかし次第に剣舞の背景は拡大されてくる。

舞の場がまず四大（地水火風）に結びついて語られ、平凡な供養の念仏踊はやがて変貌し、「天体と大地」の祭りになっていく。舞手も一農民ではなく、師父＝権威と威信に充ちた長老的人物に移行していく。やがてホ・ホ・ホの叫び声に突然切り替わり、「むかし」が現出する。それは朝廷の力が及ばず、東北陸奥が蝦夷の地であったころ、平安初期のころの光景だ。蝦夷の長が伝説の悪路王である。坂上田村麿が蝦夷征討に来たとき、抗戦したのが悪路王だという語り伝えがあり、そのモデルとなったのは朝廷に殺された実在の族長阿弖流為《アテルイ》だとされる。このまつろわぬ者の王とその一党が突然村の盆行事に姿をあらわし、現在は後退する。舞手はすでに村の農人ではなく、長老でもない。さらに時間は平安朝から過去へと流れ、神話時代にまで遡っていく。悪路王の一味は「いっぷかぷ」したのだが、作品「種山ヶ原」には「溺死」にいっぷかっぷのルビがみられる。「いっぷかぷ」が溺れる様の表現だとすれば、記紀の中の海幸山幸の神話が思い浮かぶ。それらは兄の海幸が弟山幸に服属するときに「溺れし時の種種の態《わざ》」（『古事記』）、「溺苦しむ状」（『日本書紀』）を演じたことと遠く響き合っているのだろうし、また「蜘蛛おどり」は風土記の世界の、まつろわぬ故に滅ぼされる民「土蜘蛛」（『常陸国風土記』茨城郡）を思わせる。これらの地方史の古層にあったものが動き出し、歴史の再現をみる。やがて再び太鼓の音とともに過去への遡行は終わり、時間は逆回しされて現在に着地する。現在から過去への時間的遡行と帰還のスタイルは、賢治にはなじみのものであったらしく、いくつもの作品の中にみることができる。

「小岩井農場　パート四」では、地質時代が現在に接続する。

いま日を横ぎる黒雲は

侏羅《じゆら》や白堊のまつくらな森林のなか
爬虫《はちゆう》がけはしく歯を鳴らして飛ぶ
その氾濫の水けむりからのぼつたのだ
たれも見てゐないその地質時代の林の底を
水は濁つてどんどんながれた
いまこそおれはさびしくない

ジュラ紀、白亜紀は地質年代の中生代に位置する。1億年以上前の地質時代で、シダ、ソテツ類、イチョウ類が繁茂し、アンモナイトが海に全盛し、陸には爬虫類がさかえた時代である。こうした地質時代の表現の中で、賢治の現在が「いま」「いまこそ」と強調される。彼はいまこの世界にやって来たのだった。

この時間的遡行は、往還の時間幅があまりにも大きいこととイメージが鮮明であることを特徴とする。作品内の主体である「おれ」は、こうした過去をときに直接体験し、そこで見たものを誰も見ていないが自分は見たと語る。「イギリス海岸の歌」も同様である。

Tertiary the younger tertiary the younger
Tertiary the younger mud-stone

なみはあをざめ　支流はそそぎ
たしかにここは修羅のなぎさ

賢治は猿ヶ石川が北上川にそそぐ河岸をイギリス海岸と呼んで訪れることも多かった。Tertiary the younger mud-stone は第三紀新生泥岩層のことを指す。第三紀とは六五〇〇万年前から二〇〇万年前までの時代である。日本列島の形が成立したころの地質時代にあたる。この時期の古い古い地層がイギリス海岸にはみられた。造山運動が活発であったこの期は哺乳動物や顕花植物も著しい発達をとげた。種の存亡をかけた動植物の生命の争いも当然あった。これらの跡を発見した彼は、それを「修羅」と名付ける。この「修羅」は単なる象徴ではない。何故なら「たしかに」とある表現は、自分の感覚を通してなされた確信だからである。静止した過去の修羅の跡ではなく、修羅の営みそのものを感得できなければ「たしかに」と確信することはありえない。

賢治は遥に遠い過去を「見た」と語り、それを「たしか」なものとして表現する。この特異な表現は、「表現方法」にまでせり上がっている。この理由は、彼が地質学や土壌学や気象学の専門知を持つところの科学者であったという外面の部分だけからでは解明できない。知識からであれば地質学的世界にまで遡ってしまった過去は、対象化して完結するだろうし、現在と結びつく必然性はない。むしろそれらを見えたものとして表現するほうが不自然である。

この、一気に現在から過去へ遠く飛び、再び現在へ戻る詩的旅程を可能にしたものは何であろうか。

それは賢治が東北というシャーマニズム文化圏に住み、それに近い体験を個人的に経て得た、ウラを見る能力によっているからではないだろうか。

シャーマニズムの研究で知られるM・エリアーデによると、シャーマンになるためには、思春期青年期に向う側（超越的存在、つまりウラ）の世界からの召命を受けなければならない。召命を受けたのちに、加入儀礼《イニシエーション》を無事成功裡に通過することが、シャーマンになるための条件である。召命を受けた者は特異な行動型を示す。まず孤独を求め放心状態になり幻覚を持つ。姿をくらまし山深くに入りこんでしまう者もあるという（遠野物語一〇八話の孫太郎の発狂喪心と山入りもこの型である）。梯や木などの高いところから落下する等の事故に遭遇する者、重症の、多くは原因のはっきりしない病に陥る者もある。これらがシャーマンになるために必須の召命の証拠であり、思春期青年期の入巫病のはじまりなのだが、やがて彼らは神や魔的力に自分自身を委ね、切迫した死を運命づけられているとの感じを持つか、夢の中で殺され自分の体が解体されるのを見守らなければならない。あるいは師のシャーマン（師父）の指導を受けながら地獄へ降下したり天上界への旅を行う。これらのプロセスを経た後には病者の病は癒え、特異な行動も終息する。最後には神や魔的力から能力を譲りうけ、新しい人格として生まれ変わり、シャーマンの特技であるウラを知りウラと対話する特殊な力を持つのである。

短歌作品と入巫体験

　賢治の生活史や病歴は、この面からみると理解が成り立つことが多い。大正三年盛岡中学を卒業する十七歳のころ、彼は神経的な病にかかり入院している。この時期の絵や短歌作品（歌稿）が残されているが、多くは注察などの妄想主題のものであり、そこにはただごとではない切迫感がみられる。

93　星もなく
　　赤き弦月たゞひとり
　　窓を落ち行くはたゞごとにあらず。

94　ちばしれる
　　ゆみはりの月
　　わが窓に
　　まよなかきたりて口をゆがむる。

134　わがあたま

ときどきわれに
この世のそとの
つめたき天を見することあり。

やがて彼は病を脱するが、その治癒は病院の科学的医療によるものではなく、夢によってなされたという。熱に苦しむ賢治の夢に岩手山の山の神が出現したのである。神は手にもつた剣で賢治の腹を刺した。この夢の後、彼は本復したのであった。

同じ大正三年の歌稿をみてみよう（歌稿とは賢治自らの呼称である。AとBがあるが、133・170はA、他は93以下すべてBである）。

130
何とてなれ
かの岸壁の舌の上に立たざる
なんぢ　何とて立たざる。

131
岩つばめ
むくろにつどひ啼くらんか
大岸壁を

わが落ち行かば。

A133　よごれたる陶器の壺に地もわれもやがて
　盛られん入梅ちかし

三首は自殺というよりは高所からの飛び降りの空想であり、自らの死骸を自らイメージするところまで表現されている。みてきたように、それらは入巫病に伴う特徴的なものであった。

156　東には紫磨金色の薬師仏
そらのやまひにあらはれ給ふ。

159　なつかしき
地球はいづこ
いまははや
ふせど仰げどありかもわかず。

160　そらに居て
みどりのほのほかなしむと
地球のひとのしるやしらずや。

これらは一たび死んで幽体離脱し、魂が地上を遥か離れて上昇しつつ、地球の青い輝きを彼方から見下ろす歌である。

169　南天の
　　蝎よもしなれ　魔ものならば
　　のちに血はとまれまづ力欲し。

A170　いさゝかの奇跡を起す力欲しこの大空に魔はあらざるか

入巫病を経ることによって入巫者は魔的超越的力（ウラの力）と関わる能力を手に入れることをのべてきた。しかしこれは、自我膨張とは全く異なるものである。単純な自我膨張であれば、弱い自我が強烈なウラの力に乗っ取られてしまい、その結果「自分は魔や神になった」と言うのだが、賢治は魔を求め、魔を「なれ」と呼び、その力を借りたいとのべている。つまり自我と超越的力との関係は、「われ」と「なれ」として保たれており、両者の境界は守られている。こうした関係の中で、超越的力に呼びかけているのである。このような関係性は、強力な自我の存在があって初めて生じる。賢治はさらに強化された新しい自我人格を得、新しい一歩を踏み出したのだと考えられよう。

　彼は後年友人に「私には頭だけはけしておかしくならない自信があります」と語っている。歌稿A134「わがあたまときどきわれにきちがひのつめたき天を見することあり」（Bにはきちがひの表記にかえて　この世のそとの　とある）と記されているが、入巫病を通過したことで鍛えられた自我の獲得した智恵と自信がうかがえる。

　では彼の神はどのような姿をとって彼の前にウラの世界から出現したのだろうか。

　彼の古い自我を殺害した魔的神的存在は、述べたように土着の山の神であった。入巫病的体験を経ての後には、超越的存在は「法華経」として出現した。彼は父の蔵書の中の島地大等《しまちだいとう》編著『漢和対照妙法蓮華経』と運命的な出会いを果たすのである。爾後賢治は回心し、法華経の精神を生きる「新しい人」となる。

　表現者としての賢治は作品の中に宗教性を込めていくが、それは法華経の心であって法華宗の主張ではなかった。意識的にも行動面でも、法華教団国柱会に熱っぽく接近するが、入巫プロセスに伴う体験によって拓かれた彼の無意識は、大正昭和期の狭い一宗派の主張に収まることができないほどの広大な宇宙的広がりにまで届いてしまっていたのだと思われる。

　法華経では大宇宙の宿された心臓を聖なる蓮の花「蓮華《フーンダリカ》」にたとえる。この宇宙心臓への賛美と帰依が「題目」の真髄であるという。宇宙心臓を中心に森羅万象がこころを一つにして息づく宇宙交響の全き姿こそが法華経の説く思想なのだ。法華経の説く世界は極限まで拡大されたウラであるが、彼は自らの体験を通してそれをリアルに感じることができた。

宇宙空間への幽体離脱や地球の俯瞰という体験は、こうした思想に対する確信へとつながって行き、さらに作品にもさまざまな位相において反映される。

「青森挽歌」の中の、妹とし子の死の床で賢治が叫んだ「そらや愛やりんごや風　すべての勢力のたのしい根源、万象同帰のそのいみじい生物の名」は、宇宙心臓＝蓮華の間接的表現である。

入巫の体験は、宗教者を創出するとは限らない。彼は宗教性を持った作家―文学作品を創出する宗教者になったのである。（なおこうした入巫病的体験の範囲を広くとったうえでエレンベルガーは「創造の病」と名付けていることを付け加えておく。）

ウラに迫られる

最後にウラとの関係を手に入れた賢治が、ウラから生き方を規定される様をみておきたい。

大正八年八月保阪あての書簡には、盛岡高等農林学校教授だった石丸文雄死去の事実と賢治の不思議な体験が記されている。

石丸さんが死にました。あの人は先生のうちでは一番すきな人でした。ある日の午后私は椅子によりました。ふと心が高い方へ行きました。錫色の虚空のなかに巨きな巨きな人が横は《ママ》ってゐます。その人のからだは親切と静な愛とでできてゐました。私は非常にきもちがよく眼をひらいて考へて見ましたが寝てゐた人は誰かどうもわかりませんでした。次の日の新聞に石丸さんが死んだと書いてありました。私は母にその日「今日は不思議な人に遭った。」と話してゐましたので母は気味が悪がり父はそんな怪しい話をするなと、云ってゐました。
石丸博士も保坂さんもみな私のなかに明滅する。みんなみんな私の中に事件が起る。

彼は目を閉じたまま鮮明な視像を得ることができる能力を得ていたようだ。その視像と感覚がみごとに連動していることが見てとれる。この像は親切と静な愛からできているため、非常に気持がよかった、と述べられているが、この視像によってもたらされた気持良さの感覚の由来はどこに求められるだろうか。

こうした感覚を、精神分析では「大洋感情」と名付けている。その基は自我が外界から分化する以前の一時的自我感情への憧憬であるとフロイトはのべた。自我と外界が未分化な状態とは、母子が心理的に一体となっている生後まもなくの時期のことを指す。この時期に乳児の心は世界と一体化した安心感、絶対的幸福感に充たされているという。もともと新生児の精神状態である大洋感情の成人期における体験は、見捨てられの脅威にさらされたときの防衛として起こると説明される。しかしこの期の賢治には、防衛をおこすにたりる外傷的出来事が特別見当たらない。

そうだとすると大洋感情を持った主体は賢治ではないはずだ。では誰なのか。

その人は石丸文雄当人だと考えられるのではないか。死に近い人の心は「退行」という状態になり、個人の心の歴史を逆に戻りつつ乳幼児期に到り、やがては集合的無意識の世界に接近していく。この時の石丸の心は乳児期の母子一体のまどろめる至福の世界にまで戻っていたはずである。これを賢治は無意識的に捉えた。その上で、石丸の無意識と交流した結果、石丸の感じていた「愛」を自らも体験したのではなかったか。虚空に横たわるコズミックマンのような巨人は拡大された母、グレートマザーである。そして彼女に抱かれている石丸自身をも含んでいる。

自らの無意識を通して他者の無意識とつながることができる、これは自らのウラと他者のウラの間に回路を設け得たことを意味する。だから彼は言う。「石丸博士も保坂さんもみな私のなかに明滅する。みんなみんな私の中に事件が起る。」他者の体験を、無意識を通して「わがこと」として感得することができる者だけが発し得る言葉である。後の農民への献身も、こうした彼の特質と能力から解読することが可能なのではないだろうか。ウラは彼を放置せず、他者の体験を自らのものとして生きるように迫った。その結果農村へ自己を過剰といえるほどに投入し、死を迎えたのである。

参考文献

佐藤弘夫「近代ナショナリズムと仏教」『大系仏教と日本人』2　一九八七　春秋社
M・エリアーデ『死と再生』　堀一郎訳　一九七一　東京大学出版会
福島章『宮澤賢治』　講談社学術文庫　一九八五　講談社
H・F・エレンベルガー『無意識の発見　下』木村敏・中井久夫訳　一九八〇　弘文堂
フロイド「文化への不安」『フロイド著作集3』浜川祥枝訳　一九六九　人文書院

引用文献

『校本宮澤賢治全集』第一、二、三、六巻　一九七三、　七四、七六、筑摩書房

みてきたように占とはウラを知るための行為のことだが、これには二種類の別があった。一つは構造化された技法技術によって情報を集め、それを一定の理論やモデルによって解読するもので、陰陽道系の占や易占、九星術などはここへ入る。

もう一つはウラに触れるための構造がなく、直接ウラと対話してウラの情報を得るという形のものである。こちらのほうは技法技術と理論を用いない代わりに、高い特別な能力が必要とされた。日常の人格だけではウラと生産的関係は結べない。強化され、かつウラに開かれた人格を得ることは、構造を持たずにウラに触れるための必須の条件である。この特別な人格を得るためのプロセスが「入巫病」といわれる体験である。入巫病のプロセスを経て強化された人格がウラとかかわるとき、それを憑依、神がかりという。いま仮にウラに触れるための構造のある前者を技術系、無構造の後者を憑依系と呼んでおく。

我々は論の始めに「運命はあるのか」という問いを設定していた。もしあるとするならば（『牡丹燈籠』では、あることが前提となっていた）、そして占によって運命というウラの情報が正しく示されるとするならば、その根拠はどこにあるのだろうか。

占の発生とともに、個々の占の根拠についても、神や天の意志として、あるいは天の運行の神秘として語られ、示されてきた。ここでは今日から見ての根拠を考えてみたい。

技術系の占の根拠となる理論の基本は陰陽や五行説である。これを今日的視点でながめると、どのように解読されるのだろうか。

技術（構造）系占の根拠

五行は、くり返しになるが木火土金水のことである。五行に似たものに五大があるが、これは地水火風空のことで、一切の物質に遍在しておリ、それらを構成する素とされる。この五大をかたどった五輪塔は、平安中期ごろより供養塔墓塔として造られているので、古い寺院などで見かけることがあろう。五行と五大の違いは、五大がすべて無生物であるのに対し、五行には無生物と生物（植物）が混在し、同一線上に置かれている点である。つまり五行の構成は四大（五大のうち空は物質ではないので、以下四大と言いかえる）に植物を加えたものといえる。この五行は天地の間を循環する五つの働き「元気」であり、万物組成の元素とされる。『黄帝内経』は伝説上の古代帝王である黄帝が作ったとされ、東洋においても中国でも最古の医学書である。日本でも中国医学第一の古典として重視された（テキストは原態に近い唐代のものが、平安末期の写本として残り、校訂を経たり注が加えられたものも存在する）。ここには人体は陰＝内臓（植物器官）と陽＝内臓以外（動物器官）から構成されると記される。動物器官は感覚―運動を司り、植物器官は栄養―生殖を司っているが、人体にはこの二種が共生している、と内経には説かれているのである。

植物と動物の決定的差異の一つに、栄養摂取のちがいがある。植物にあって動物にないもの、それは植物が水、無機質を用いて二酸化炭素をもとに自力で自分の栄養を調達していること、つまり光合成の能力である（これらについては三木成夫『ヒトのからだ』にきわめて明解な解説があるので参照されたい。当章でも三木の論は参考として用いた）。植物が自分を養うときに利用するのが水、土、空気等の四大である。だから人体の下部構造である植物器官には、植物だけでなく四大が含まれていることになる。

さて、こうしたとらえ方から、人体は植物＋《プラス》四大である「五行」と深くかかわっているという見方が出てくるだろう。もちろん人体は植物器官と動物器官を持っているのだから、人体は植物＋四大＋動物から構成されていることになる。これは自然の「すべて」である。ヒトは自然のすべてを含んで成り立っている、という訳である。この考え方は、今日の生物学の「生物は粒子の集団である」という認識と矛盾しない。生物と無生物を切り離し、相互の交流を認めない見方は、現在では否定されている。

では、ヒトのからだの中に自然が入りこんでいるという生物学上の事実は、どのような影響を人間の精神活動に与えたのだろうか。

まず自然のすべてが生に組み込まれているという事実に導かれ、人の深層には自然のすべてが「生」とつながり生命を持つという感覚が生じるだろう。また人が自然に接するときには、対象を「こころあるもの」として見る（これを「有情化」という）見方も生じる。ヒトは四大や五行の自然をそもそも自らの構成要素として内側に含んでいるのだから、原理的には外側の自然である四大五行に反応し影響を受けつつ、その一方、対話も交流もできるのだ。

我々の文化には伝統的に「雪月花のこころ」「花鳥風月のこころ」という言葉があり、四大五行からなる自然の風物にも「こころ」を認めてきた。こころの象形文字は心臓の形象である。三木は、心臓の本質は搏動（リズム）にある、としてこころを生命リズムと同じものとみる。よって花鳥のリズムはいのちの波で小宇宙のリズム、風月のリズムは天体の渦流で大宇宙のリズムである。身体だけでなく人のこころもまた大宇宙リズムと共鳴する体のうちの小宇宙リズムなのである。万象がこころを一にして息づく宇宙交響の姿が「花鳥風月」「雪月花」のこころの本質である。

花鳥風月は、取り合わせられ、季節の風物の美として定着している。月に雁、月に薄などの天体と動植物、梅に鶯、紅葉に鹿などの植物に動物を取り合わせた例は広く知られているものだ。植物と動物の取り合わせは単に二つの生物を組み合わせたというのではなく、動植物にきわめて限定的な季節の制約が加えられ、年々歳々の細やかな四季のめぐりを思わせるものが選ばれている。

かくして生命と四大と心は結びつく。まず太陽系の天体の動きによって自然の周期運動がおこる。これに乗って生命の周期運動がひきおこされる。たとえば桜前線、紅葉前線の南下と北上、雁の渡りなど。人は心身に具った自分の内なる自然から促されてこれらを見、あるいは予測し想像しながら「自然のこころ」に共感する。

花鳥風月は「優美」「風流」という面からとらえられていたが、その深層には四大との交流を含む広大な世界が広がっている。逆にいえば、人はそのような深層を持った世界に心を揺さぶられ、美を感じ取っていたということだ。

詩人はこの世界を表現化し、作品に練り上げる。

短詩型文学作品の中から花鳥のうちの鳥の一つ、雁を主題にしたものをとり上げてみよう。

霜まよふ空にしをれし雁がねの
帰るつばさに春雨ぞ降る
藤原定家　『新古今集』

作者は春雨の中を今日北へ帰っていく雁を見ている。雁は秋には霜置き乱れる空をしおれながら飛来したが、前年の初雁の季から今年の帰雁の春まで時は流れ去った。時の移ろいを霜と春雨の景物で示し、雁とともに巡る季節を詠みこむ。雁の飛来と帰還の運動を、時、季節といった天体運行の周期とともにめぐる命の周期として表現する。この一首の眼目は一方は現在、もう一方は過去であるが、雁の往と還が盛り込まれたところにあるだろう。それによって二つの季節が入り、その結果天体運行の周期リズムが生じたのである。このリズムに我々は反応するようにプログラムされている。だから天体の周期の中を往還を続ける雁に対して、あたかも人の心があるかのような、有情化の眼差しをむけ、心を寄せるように導かれていく。中世の古注『新古今抜書抄』では、雁の「辛労」を思いやって「あはれふかき体也」といっているのである。

ゆく雁やふたたび声すはろけくも
　　皆吉爽雨　『雪解』

行雁は北へ向かう帰雁のことである。北を目指して飛翔する帰雁の速さ。その声を再び聞いたときにはすでに遥か遠い空に達していた。雁のスピードが速い、と単純にのべているのではない。内なる命のリズムに命じられせかされて、一途に先を急ぐ雁の、その一途さに作者は心打たれたのである。雁の声を追いつつ、そこに命のリズムをみた作者は、自らの命との共振を感じ取ったのだ。それが結句「はろけくも」に響き合う。この共鳴の中で空一杯に有情化が広がる。

大正九年以来われ在り雲に鳥

三橋敏雄　『畳の上』

すでにのべてきたように「雲に鳥」は「鳥雲に入る」意味で、候鳥が北帰すること、従って春たけなわの時季を示す季語である。しかしここでは季語として単純にとらえないほうがよいと思う。「雲に鳥」は帰鳥が故郷へむかって飛び立ちもう見えなくなることだから、内的な深部で自分を鳥に投影し、帰鳥と自分自身が重なるといった現象がおこったときには、自分の魂が魂の故郷へ帰っていくということになり、シンボリックな死の表現になる。この鳥への投影は、死の予感がおこった時にほとんど無意識的に行われる。しかしここではそのように捉えるのではなく、芭蕉の「雲に鳥」を用いたと見るべきであろう。

大正九年は作者の生年である。自分という存在の始めと終わり、これを往還運動をする鳥の生命リズムに乗せて表現したのである。「以来われ在り」の強い口調と、名詞止めとなっている結句の余韻とのつながりがみごとであり、「われ在り」は「雲に鳥」に吸収されていくかのようである。そこから個人として意志的に生きる詩人もまた、生命や宇宙周期の大きな運動の中の存在なのだ、という事実が暗示される。

次に花の例をみてみよう。

をり知れる秋の野原の花はみな
月の光の匂ひなりけり

慈円　『拾玉集』

をりは正しい時節のことで、おりを知っているとは、咲くべき正しい時季を知っている意味である。植物は自然の周期を知り、これに乗って成長開花する。こうした天然の理を知っている野の花は、みな月光の匂いに包まれている、という。夜の中でほどけ合う花と月光が次第に相互浸透していく。匂とは光、輝き、色、香等の感覚をいう。さまざまな感覚を意味する未分化な面を抱え込んだ語である。歌の中心は生命周期を生きる野の花の持つ命の美が、天体周期で動く秋の月の光の美の中で融合していくさまを「匂ひ」の一語でとらえたところにある。

ここでの「匂ひ」は色、光に染みた雰囲気の意とでもいえようか。秋の野の花の色や光に染みた美は花のものとも月のものとも分かち難い。地上の生命と天体が一つになり、深甚な美を作り出す。この「匂ひ」はさらに作者の心に染み透り、全身を充たす。やがて作者の心と花月の美は、交流しつつここでも相互浸透をおこしていく。「匂ふ」のは対象である自然を眺めている作者の心なのか、対象である自然なのかが、あいまいになってくるのである。

このように詩歌の背後には、自分の内なる自然、四大五行を媒介に、外なるそれらと交流対話する詩人のすがたがみられた。詩人は自然と生命の深層を直感的にとらえ、それらを言語表現の次元に移して作品化した。深層にまで彼らの想像力や体験が届いていたため、作品には生命や天体周期のメッセージが込められたのである。一方、このような表現化を目指すのではなく、積極的に内なる自然（身体化された四大五行）と外なる自然の巡行を対応させ、そこから人や社会に関する情報（ウラ）を意識的に読みとったとき、それは技術系の「占」となるだろう。占が成り立つ基礎部分に天体、生命、心の相互関係という原理を置いてみたとき、今日の目からも占は全く荒唐無稽なものだと切り捨ててしまい難い、ある種の「知」を示しているのではないか。そうだとすれば、原理的には占には存在意義があることになろう。

憑依（無構造）系占の根拠

憑依系では憑依者は無媒介に一気にウラに到り、そこからウラの情報を得てくるが、そのウラの場は、自分もしくは他者の心の深部である。

人の心の層には自我意識、個人的無意識、集合的無意識があることはくり返しのべてきたが、ユングによれば、さらにその下に類心的な無意識のレベルがあるという。

ユングはこの類心的レベルは自然そのものの領域であると述べている。このレベルはすべてが未分化で、身と心、生理と心理は一つであるような世界であり、ここに触れるとミクロの個がマクロの宇宙を反映するとされる。

憑依者は入巫病をくぐり抜けることによって強められた自我をもって、心の深層に下りてゆく。これは酸素の助けなしで行う潜水にも似て、降下の距離と時間は、自我の強度を含めて個人の力量によって決まる。

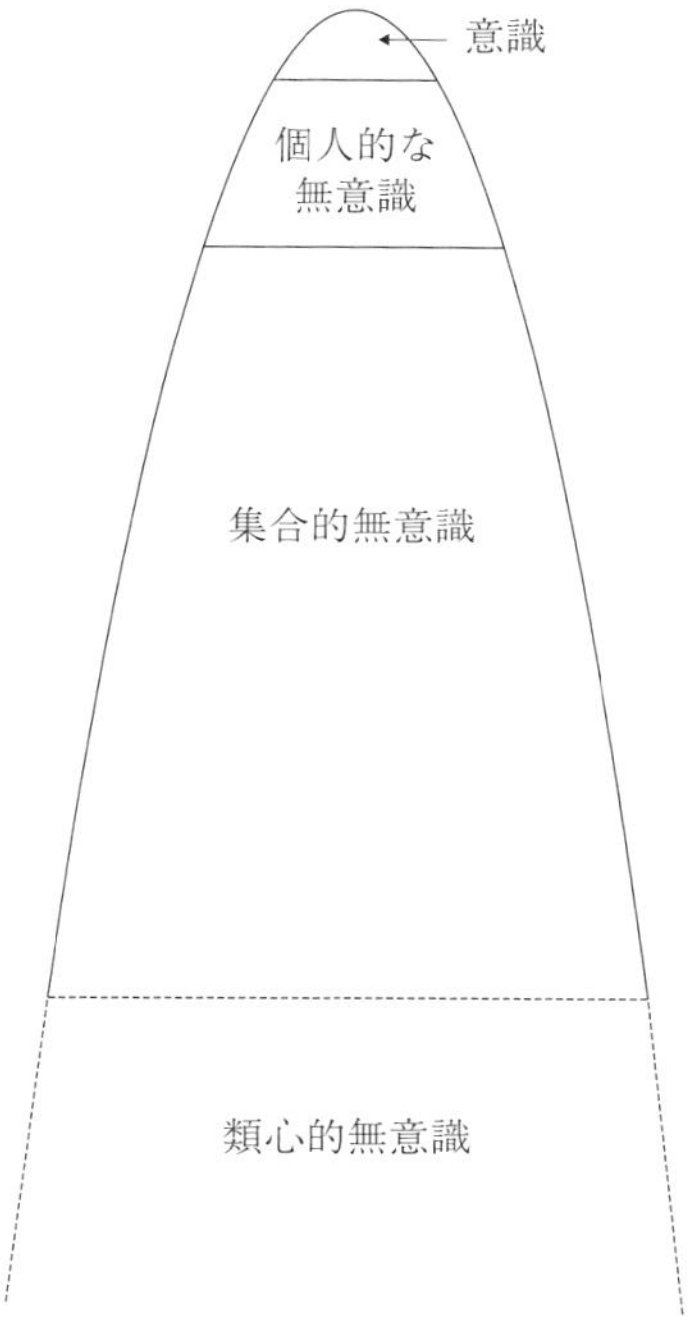

図２　心の構造２

降下能力が違えば、たどり着く心の層も異なり、またそこから得る情報の質も量も違ってくる。憑依者の降下する心の層を、類心的レベルまで視野に入れ、ウラの情報との相関をみていったときには、次のような関係が推定されるだろう。

個人的無意識に到ることがで

きる憑依者は、個人が意識から排除し、無意識に押し込めた（これを抑圧という）ウラの情報を提示することができるだろう。

集合的な無意識の世界にまで降下可能な能力は、時代の矛盾と民衆の苦悩を我がこととして生き、ウラから教示されつつ苦悩の解決策としての社会変革を説き、人間の解放と来たるべき社会の理想を語るだろう。あるいは世界を新しい視点から解読することを可能にする、新しい思想を語るだろう。

類心的無意識にまで遠く到ってしまったほんの少数の稀有の才能は、普遍的類的規模での宗教を語る者になるだろう。またはミクロに接しつつマクロの宇宙と交信する芸術家、詩人になるだろう。

いずれにしてもヒトの身体や人の心の奥底が天体や宇宙に通じ、さらにはモノともココロとも定かでない世界にまでつながっているのだとすれば、人はそこへたどり着き、かつ無事帰還することができれば、そこにあるウラの情報を入手することができるのだ。

御伽草子『花鳥風月』

ところで、室町時代の御伽草子の中には、五行とかかわる「花鳥風月」の名と憑依能力とを結びつけた一つの作品がある。その名も『花鳥風月』という。

花鳥と風月はすぐれた霊能の持ち主に与えられる「指すの御子」（指し示すウラはすべて的中する占者）の名を持つ姉妹である。二人は依頼をうけて生身の人間ならぬ光源氏と在原業平の霊を降し、憑依者と審神者として相補いながら、源氏業平の言い分と心を正しく伝え、人々を感動させた。

ではなぜ占者憑依者の名に花鳥風月の名が結びついたのだろうか。

この作品は、教養の初心者に源氏や伊勢の知識教養を分かりやすく解説する、といった古典の啓蒙を目的として作られたものである。だから一義的には古典の世界を知悉している者に相応しい名として選ばれたはずである。

しかし、みてきたように花鳥風月の世界には深層があった。この世界を深めていくと命や運命や心に対する情報が直接または間接的に得られるのだ。

物語の中の「指すの御子」はたとえば歴史上は安倍晴明五代の子孫、陰陽師安倍泰親に与えられた名誉の称号である。こうした特権的名称が、占者「花鳥」と「風月」に与えられているところからは、その名が美や風雅を表すだけのものではないことが窺えよう。憑依や占によってウラを知ることができる。だが花鳥風月を極めることによっても、天然自然とその一部である人のウラを知ることができる。姉妹は最高占者であるゆえに、すべての占に通じていた。二人は憑依する人でもあり、五行の人花鳥風月の人でもある。この占に必須の能力を二つながら持っているゆえに、憑依する占者の名は、花鳥風月になったのではないだろうか。
五行も憑依もウラへ到るための道であった。

運命があるのかないのかという問いは困難な問いだが、運行する大宇宙と小宇宙の共鳴の中で、「運命」と言うものは考え続けられ、占はまたそれらに接近する技術と理論として展開していったのである。

参考文献

三木成夫『ヒトのからだ』一九九七　うぶすな書院
三木成夫『胎児の世界』中公新書　一九八三　中央公論社
三木成夫『内臓のはたらきと子どものこころ』一九八二　築地書館
川平ひとし『中世和歌論』二〇〇三　笠間書院
プロゴフ『ユングと共時性』ユング心理学選書　河合隼雄他訳　一九八七　創元社

Ⅱ 占の実際と資料

Ⅱでは暦、易、九星、気学をとりあげる。これらは今日も用いられている、構造を持った占である。

「暦」には暦の法則によって割り出された日時、方角の吉凶に対する占が記されている。したがって占といっても自分で技術的操作を加える必要はない。暦の知識さえあれば誰もが暦占の内容は理解できる。

ここでは最初に暦をとりあげ、資料を中心にしながら暦占の解読に必要な知識をみていく。

次に易、九星、気学の順に、知識とともに技術技法が必要な占をとりあげていく。各占について、中心となるいくつかの原理と方法をのべ、実際に占うときの具体的占い方についても簡略に記す。

易占、九星術・暦占は中国渡来の占法である。これらの占の基底にあるいくつかの原理、たとえば五行、陰陽、易、干支、相生、九宮などは中国で既に融合混淆して用いられていた。日本では融合したこれらの原理と占法が陰陽道にとり入れられ、さらに複合的に用いられた。後述するが、気学は日本の近現代にこれらの一部を再編成して成立した占である。こうした来歴のために、とり上げる四種の占の理論や技法には、互いに重なり合う部分がみられる。したがって各占で扱う項目に対しても分類が厳密でないこと、重複混淆があることをおことわりしておく。

なお年・月や生年の九星や干支を確認するための資料として、後に年盤表と月盤表を加えた。年盤、月盤は使いやすさを考え、簡略化したものを用いた。

暦を読むための基礎知識としてまず暦注をあげよう。

暦注

暦注とは暦に付された注記のことをいう。日時や方角の吉凶を中心に、天体の運行(日月食)、年中行事等を加えたものが暦注の内容である。暦注を持った暦を「具注暦」という。中国では早くから作成されたが、日本でも「具注暦」は古代から用いられ、平安時代には盛行をみた。

具注暦の本体は、上段に日付、干支、納音、十二直を、中・下段に日時方角の吉凶、二十四節気、七十二候を記し、上段欄外に宿曜を書く。陰陽道の賀茂、土御門家の家職として具注暦の作成は長く相伝された。暦注は日の吉凶を知り、生活の指針を得るために広く用いられたが、明治六年、太陽暦採用時に迷信として公的には廃止された。しかし民間には残り、さらに大安、仏滅などの六曜を加えて内容を拡大し、今日も命脈を保ち続けている。

ここでは占に関連する暦注で、今日も暦に記載されているものをとりあげる。

季節を知る

暦を理解するために最初に必要になるのが、時間に対する知識である。一年という時間は細分化された「季」によってとらえられる。これが次に示す節気である。暦占の計算をするときに、この節気は定点となることがあるので知っておいたほうがよい。

■二十四節気

一年を太陽の黄経（天球上の一点から黄道に下した大円の足を春分点から測った角距離）に従って二十四等分し、季節を示すのに用いる。中国より伝わった語である。

旧暦で月の前半にくるものは「節」、後半に来るものは「中」という。

一　立春（太陰旧暦正月節・太陽新暦二月四日ごろ）寒が明け春をむかえるころ
二　雨水（太陰旧暦正月中・太陽新暦二月十九日ごろ）雪散じて水となるころ
三　啓蟄（太陰旧暦二月節・太陽新暦三月六日ごろ）爬虫類が穴から這い出すころ
四　春分（太陰旧暦二月中・太陽新暦三月二十一日ごろ）寒さが収まり昼夜の時間が等しくなるころ
五　清明（太陰旧暦三月節・太陽新暦四月五日ごろ）万物に生き生きとした気迫が漲るころ
六　穀雨（太陰旧暦三月中・太陽新暦四月二十日ごろ）春雨が百穀を潤すころ
七　立夏（太陰旧暦四月節・太陽新暦五月六日ごろ）春が終わり夏立ちはじめるころ
八　小満《しょうまん》（太陰旧暦四月中・太陽新暦五月二十一日ごろ）万物がおもむろに長じて天地に満ち始めるころ

九　芒種《ぼうしゅ》（太陰旧暦五月節・太陽新暦六月五日ごろ）田植えのころ
十　夏至（太陰旧暦五月中・太陽新暦六月二十二日ごろ）昼が最も長くなるころ
十一　小暑（太陰旧暦六月節・太陽新暦七月八日ごろ）梅雨明け近くのころ
十二　大暑（太陰旧暦六月中・太陽新暦七月二十三日ごろ）酷暑のころ
十三　立秋（太陰旧暦七月節・太陽新暦八月八日ごろ）残暑のころ
十四　処暑（太陰旧暦七月中・太陽新暦八月二十四日ごろ）暑さが収まり始めるころ
十五　白露（太陰旧暦八月節・太陽新暦九月八日ごろ）野山に露の降りるころ
十六　秋分（太陰旧暦八月中・太陽新暦九月二十三日ごろ）昼夜の時間が等しくなるころ
十七　寒露（太陰旧暦九月節・太陽新暦十月九日ごろ）秋の気配立つころ
十八　霜降《そうこう》（太陰旧暦九月中・太陽新暦十月二十四日ごろ）紅葉前線が南下するころ
十九　立冬（太陰旧暦十月節・太陽新暦十一月八日ごろ）木枯らしと時雨のころ
二〇　小雪《しょうせつ》（太陰旧暦十月中・太陽新暦十一月二十三日ごろ）北では雪のちらつくころ
二一　大雪《たいせつ》（太陰旧暦十一月節・太陽新暦十二月八日ごろ）山地では積雪するころ
二二　冬至《とうじ》（太陰旧暦十一月中・太陽新暦十二月二十二日ごろ）夜が最も長くなるころ
二三　小寒《しょうかん》（太陰旧暦十二月節・太陽新暦一月六日ごろ）寒の入りのころ
二四　大寒（太陰旧暦十二月中・太陽新暦一月二十日ごろ）極寒のころ

■雑節

二十四節気以外の特別な暦日のことである。

節分（太陽新暦二月三日ごろ）　冬から春の変わり目となる日をいう。立春の前日にあたる。

彼岸（太陽新暦三月十八日から二十四日、九月二十日から二十六日ごろ）　春分、秋分の日を中日として前後三日間、計七日間をいう。

社日（春分、秋分の日にもっとも近い戊《つちのえ》の日）　社は土地神の意味である。土地の神を祀って春は穀物の生育を祈念、秋は収穫を感謝する。春は春社、秋は秋社と呼ぶ。

八十八夜（太陽新暦五月二日ごろ）　立春から八十八日目をいう。春霜の終わりの候とされる。

入梅（太陽新暦六月十一日ごろ）　旧暦では芒種の後の最初の壬《みずのえ》の日を梅雨入り、小暑の後の壬の日が梅雨明けとなる。夏至を中心とした梅雨の期間である。

半夏生（太陽新暦七月二日ごろ）　梅雨明けにあたる。夏草が育つころ。

土用（太陽新暦七月十九日ごろ）　もと立春、立夏、立秋、立冬の前日までの各十八日間をいう。一般には夏の土用を指す。

二百十日（太陽新暦九月一日ごろ）　立春から数えて二一〇日目をいう。暴風雨の厄日とされる。

暦注の占

ここから暦注の占部分である。

暦注の中の占には「十二直」、「暦注の特殊日」、「二十八宿」、「六曜」などがある。陰陽道系のもの、宿曜道系のものなど、由来の異なるものや、近代に定着し、他のものとは歴史が異なるもの等が混在し、暦注は雑多な内容を含んでいる。しかしこの雑多さが暦注なのである。

まず十二直からみていこう。

■十二直（中段）

十二直は日々の吉凶、生活の指針を示したもので、古くから暦の上段に記されていたが、江戸期になると中段に位置するようになった。そのため「中段」とも言われる。直は宿直の意味である。十二種の意味機能が日毎に宿直し、日々交替して禍福を織り成す。この循環とそれに伴う吉凶を示すのが十二直である。北斗七星の柄が立春のころ、寅の方角に建《むか》った日が旧暦の元日である。そこから立春後初の寅の日に十二直の最初の建《たつ》が配されるのである。

建（たつ）

物事を始めるのに好日。婚礼、移転、造作、旅立ち、神仏祭祀に吉。ただし蔵開きには大凶。屋敷内の建築や改修も大凶。

除（のぞく）
天帝が百凶を除く日。医薬の用い始め、祭祀、播種吉。ただし婚礼、旅立ち、水に関した工事、屋敷内の建築、移転、改修は凶。

満（みつ）
天帝が宝庫に財を満たす日なので、万事が満たされる日。建築、移転、婚礼、祝い事、播種、すべて吉。医療開始は凶。

平（たいら）
天帝が物を公平に分ける日なので、平穏平安の日。旅立ち、婚礼、祝い事、上棟に吉。水関係の工事は凶。

定（さだん）
天帝が物事の位置を指定する日。吉凶定まってとどまる日。造作、移転、婚礼に吉。ただし旅立ち、訴訟は凶。

執（とる）
天帝が紛争に裁断を下す日。活動や育成を促し執り行う日。婚礼、祝い事、造作、播種に吉。

ただし金銭財産を動かすことは凶。

破（やぶる）

争って互いに損害を受ける。破壊の意味のある日。約束、相談事、祭祀、移転、婚礼は凶。

危（あやぶ）

高い所に登って恐ろしい目に遭うような日。すべての事にあやうい日。旅立ち、船出、登山は大凶。造作、婚礼、播種には可もなく不可もない。

成（なる）

新しく願望をおこして準備を開始し、何事も成就成功する日。造作、播種、物事の新規開始に吉。ただし訴訟、争い事は凶。

納（おさん）

天帝が庫に物を収める日。収納によい日。集金、金銭の回収、物品購入、移転に吉。ただし祭祀、婚礼に凶。出す、出ることは凶。

開（ひらく）

天帝が諸方に道を開いて文物を盛んにする日。開始によい日。開業、開設、入学、就職、造作、移転、婚礼などすべてに吉。ただし葬儀に凶。不祥、不浄事に凶。

閉（とず）

物事に一応の終止をみる日。建墓、金銭の収納に吉。ただし造作、旅立ち、開業、婚礼は凶。

■十二直の配置

十二直は飛鳥時代より用いられた歴史を持つが、その配置法は十二支を各月に配したものに十二直を循環して当てるというものである。

例えば旧暦正月は寅の月なので、節（二十四節気参照）入り後の初めの寅の日に「建」を配する。そこから次の日に「除」、「満」とあてていき、「閉」まで一巡したら再び十二直を始めの「建」から繰り返していく。

旧二月は卯の月なので、節入り後最初の卯の日に「建」をあてる。翌日が「除」、翌々日が「満」である。

旧三月は辰の月なので、節入り後最初の辰の日が「建」である。

旧四月は巳の月なので…というように十二直を循環させていく。

なお、節にはその前日と同じ十二直が配置される。

■十二直「建」配置一覧

旧正月（寅月）**節**　立春後の最初の寅の日

旧二月（卯月）**節**　啓蟄後最初の卯の日
旧三月（辰月）**節**　清明後最初の辰の日
旧四月（巳月）**節**　立夏後最初の巳の日
旧五月（午月）**節**　芒種後最初の午の日
旧六月（未月）**節**　小暑後最初の未の日
旧七月（申月）**節**　立秋後最初の申の日
旧八月（酉月）**節**　白露後最初の酉の日
旧九月（戌月）**節**　寒露後最初の戌の日
旧十月（亥月）**節**　立冬後最初の亥の日
旧十一月（子月）**節**　大雪後最初の子の日
旧十二月（丑月）**節**　小寒後最初の丑の日

■八専《はっせん》

八専とは、暦日六十干支の「壬子《みずのえね》」の日から「癸亥《みずのとい》」までの十二日間のうち、十干と十二支の五行が合う日のことである。十干の甲《きのえ》乙《きのと》は木、丙《ひのえ》丁《ひのと》は火、戊《つちのえ》己《つちのと》は土、庚《かのえ》辛《かのと》は金、壬《みずのえ》癸《みずのと》は水、というように、それぞれ五行と結びついている。十二支も同様に、子が水、丑が土、寅が木、卯が木、辰が土、巳が火、午が火、未が土、申が金、酉が金、戌が土、亥が水、というようにそれぞれ五行と結びつく。

壬子から癸亥の日までの間の日の十干と十二支の組み合わせをみると、五行の一致する日と一致しない日が出る。そのうちの五行が一致しない四日を間日《まび》として除いた残りの八日が八専である。一年に六回巡ってくる。

八専の日は同性同気の五行が偏重するので、凶意が強まるため、仏事、婚礼などには凶日とされる。しかし建築などにはよい。

なお、八専は五行との関係でみると、

壬子（水水）、甲寅（木木）、乙卯（木木）、丁巳（火火）、己未（土土）、庚申（金金）、辛酉（金金）、癸亥（水水）であり、

間日は干支の五行の一致しない

癸丑（水土）、丙辰（火土）、戊午（土火）、壬戌（水土）の四日である。

なお、八専から天赦日までは、吉凶のある特殊日である。

■不成就日

何事を始めるにも不適な日。一切が成就しない凶日である。だいたい八日に一度おとずれる。

よって月に四日が不成就日となる。

■一粒《いちりゅう》万倍日

良いことの初めに用いる。増加の意味があるので、吉日と重なると効果がさらに倍増するとされる。すべてに対して吉日であるが、借りるのは凶。借りたものが増えてしまう。

■三隣亡《さんりんぼう》

大凶日として忌まれる。この日建築すれば火事を起こし、三軒の近隣にまで災いを及ぼすとされる。

しかし江戸期には大吉とされ、表記も「三輪宝」であった。凶日になった根拠のはっきりしない暦注選日の一つである。

三隣亡の日取りは次のとおりである。

旧暦正月、四月、七月、十月は亥の日。
旧暦二月、五月、八月、十一月は寅の日。
旧暦三月、六月、九月、十二月は午の日。

■十方暮《じっぽうくれ》

十方暮とは干支の「甲申《きのえさる》」から「癸巳《みずのとみ》」までの十日間のうち五行が相剋する日のことをいう。八専の反対とみればよい。この期間は天地相剋し何事も整わず、十方の気がふさがる。したがって万事に凶となる。丙戌・己丑は間日《まび》とする。なお五行の相剋とは、土木金火水の並びのそれぞれ一つ下のものが、上の五行を剋するという原理のことである。

したがって、十方暮は相剋の配列で五行が隣り合う

甲申（木金）、乙酉（木金）、丁亥（火水）、戊子（土水）、庚寅（金木）、辛卯（金木）、壬辰（水土）、癸巳（水火）の八日間である。

間日とされた

丙戌（火土）、己丑（土土）の二日間は干支が相剋の関係にならず、火土は相生、土土は同性同気組合わせなので除かれるのである。

■天一天上

天一は天一神、なかがみともいう暦神のことである。不浄をきらう神で、十二神将の主将または地星の霊ともみられる。天一神は地上と天上を行き来するが、地上に降ると八方位（東西南北とその四隅）を巡る。天一神が天上に帰っている間（天上）は何事にも障りのない時とされる。神が

地上にいる方角は「ふたがり」「ふさがり」といわれる。
天一神が天から下るのが己酉の日。天上に帰っているのは癸巳から戊申の日までであり、この期間が天一天上である。天一天上の初日は「天一太郎」と呼ばれ、婚礼などには最高の吉日とされる。

なお天一神巡行の方位と滞在期間は
己酉の日より東北方へ　六日間
乙卯の日より東方へ　五日間
庚申の日より東南方へ　六日間
丙寅の日より南方へ　五日間
辛未の日より西南方へ　六日間
丁丑の日より西方へ　五日間
壬午の日より西北方へ　六日間
戊子の日より北方へ　五日間
とされている。

■犯土《つち》

陰陽道由来の忌日で、土を犯してはならない日である。六十干支のうち庚午の日から丙子の日までの七日を「大犯土《おおつち》」、戊寅の日から甲申までの七日を「小犯土《こつち》」という。田畑の耕起、穴、井戸掘り、建墓は凶。

■三伏日《さんぷくにち》

陰陽道由来の忌日で、五行説から生まれ、伏は火気を恐れて金気が伏蔵する意味である。夏至の後の第三の庚《かのえ》の日を初伏、第四の庚の日が中伏、立秋後の第一の庚の日を末伏とする。三伏は旅立ち、婚礼、移転に凶。

■天赦日《てんしゃにち》

天が赦《ゆる》す日として暦日の中では一年の中の最高吉日である。他の凶の選日にあたっていても、それらを無害化する力があり、天赦日には問題とはならない。婚礼には特に最高大吉日とされる。しかし天赦日は年間四日があるのみで、各季節に一日が配される。

天赦日は

立春から最初の戊寅の日
立夏から最初の甲午の日
立秋から最初の戊申の日
立冬から最初の甲子の日
とされている。

■二十八宿

黄道に沿い天球を二十八区分し、星座（星宿）の所在を明らかにしたものをいう。大陰（月）はここを一日一宿ずつ運行する。

各星宿は東・北・西・南の順に数える。天球を中国では東北西南の四宮に数え、この四宮をそれぞれ七分した。四宮の名称は東方青龍、北方玄武、西方白虎、南方朱雀で、それぞれが七宿ずつを持つことになる。

二十八宿の構成は東は角《かく》・亢《こう》・氐《てい》・房《ぼう》・心《しん》・尾《び》・箕《き》の東方七宿からなる。
北は斗《と》・牛《ぎゅう》・女《じょ》・虚《きょ》・危《き》・室《しつ》・壁《へき》の北方七宿である。
西は奎《けい》・婁《ろう》・胃《い》・昴《ぼう》・畢《ひつ》・觜《し》・参《しん》が西方七宿である。

南は井《せい》・鬼《き》・柳《りゅう》・星《せい》・張《ちょう》・翼《よく》・軫《しん》の南方七宿からなる。

この四宮二十八宿を月日に配当し、吉凶を判断するのが「二十八宿」といわれる宿曜道系の占法である。

東方七宿（青龍）

角　婚礼、普請、祭祀、上棟、旅立ち吉。葬儀は凶。

亢　婚礼、物品購入、播種吉。建築、普請、造作は凶。

氐　婚礼、播種、醸造初めに吉。他は凶。

房　婚礼、上棟、不動産取得、旅立ち、移転、新規に開始することすべてに吉。

心　神事祭祀、旅立ち、移転に吉。婚礼、普請、建築に凶。葬儀は特に大凶。

尾　婚礼、造作、旅立ち、移転、新規に開始することに吉。衣類の着初め凶。

箕　造作、普請、開業吉。葬儀は凶。

北方七宿（玄武）

斗　造作、普請、播種、婚礼、新規に開始することに吉。

牛　何事に用いても吉。

女 学芸は大吉。それ以外は凶。
虚 学問を始めること、入学に吉。他はすべて凶。
危 建築、建造、旅立ちに吉。
室 祝い事すべてに吉。婚礼、新改築吉。葬儀、仏事は凶。
壁 万事に大吉日。新築、移転、婚礼、旅立ち、播種、葬儀すべてよし。

西方七宿（白虎）
奎 上棟、婚礼、祭祀吉。葬儀は凶。
婁《ろう》 普請、造作、婚礼、移転、開業に吉。
胃 公的なもののかかわりは吉。私的なものは凶。
昴 神仏参詣、祝い事、婚礼、新規事業開始に吉。宿願達成の大吉日。葬儀は凶。
畢《ひつ》 神仏祭祀、上棟、造作、婚礼に吉。
觜《し》 芸、学問始めに吉。他は万事凶。
参 婚礼、旅立ち、集金に吉。葬儀に凶。

南方七宿（朱雀）

井　神仏参詣、播種、普請、造作、婚礼に吉。葬儀は凶。
鬼　二十八宿中の最大吉日。すべてに吉。
柳　造作、婚礼凶。特に葬儀は大凶日。
星　婚礼、播種、葬儀凶。争いがおこりがちの日なので自重するのがよい。
張　何事にも吉。祭祀、婚礼、就職、入学に吉。
翼　播種、旅立ち吉。それ以外はすべて凶。自重するのがよい日。
軫《しん》　不動産買い入れ、婚礼、旅立ち、上棟、移転吉。

■六曜（六輝・六曜六輝）

六曜は六輝とも六曜六輝ともいわれる。中国では時刻の吉凶占いとして用いられたが、日本に伝えられて変化し、六日ごとに吉凶が巡るという観念に基づき日の吉凶を知るためのものになった。

もとは泰安《たいあん》・留連《りゅうれん》・速喜《そっき》・赤口《しゃっく》・将吉《しょうきち》・空亡《くうぼう》の名称と順序であった。江戸期の寛政ごろには泰安・流連・則吉《そっきち》・赤口《しゃっく》・周吉《しゅうきち》・虚亡《きょもう》となり、表記と名が一部変わる。江戸後期には今日のものと同じ形になり、先勝・友引・先負・仏滅・大安・赤口と改まって一般化した。根拠がはっきりしないにもかかわらず、暦注の中では今日でも最も利用頻度が高いものの一つである（但しそれゆえに迷信として批判もされている）。

先勝（せんしょう）

訴訟・交渉は先手必勝の日。万事急ぐことに吉。午前は吉、午後は凶。

友引（ともびき）

朝、夕、夜は相引きで勝負なしの吉日。正午は凶。仏事と葬儀に凶。

先負（せんぷ、せんまけ、さきまけ）

午前中は凶。午後は吉。控えめに急がずに静かにしているのがよい。

仏滅（ぶつめつ）

物滅。何事にも悪く、凶。諸事慎むのがよい。

大安（たいあん）

何事にも吉。何事も万事積極的に進めてよい。

赤口（じゃっく、じゃっこう、しゃっこう）

正午のみ吉。他は何事をするにも忌むべき日。朝夕は控えめにしているのがよい。

図１　方位盤基本図

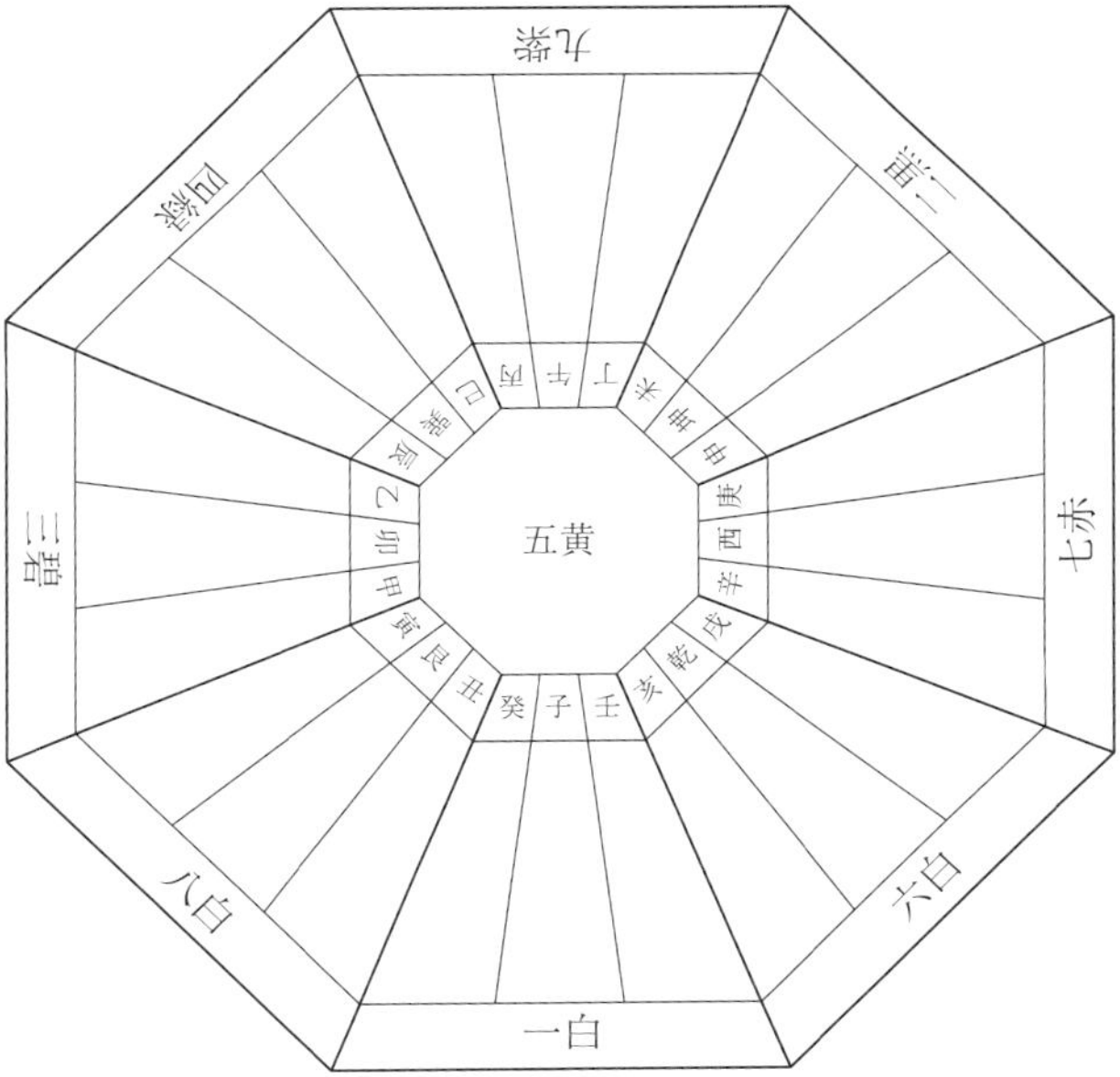

方位暦

一年一月の吉方と凶方を示すのが方位暦である。暦に載っている方位暦の形は正八角形で、中央を除くと八区画からなり、さらにこの八区画を一区画三分し、合計二十四分割されて成り立っている。

方位の吉凶を知る

上に示したのは、方位暦に用いる方位盤の基本図である。

この各分割された区画を、吉神と凶神とが法則によって年毎月毎に巡行する。

暦には各神が月により位置を変えていることが示され、現在の鎮座場所がわかるように記されている。吉神が在宮しているのが吉方、凶神在宮の場が凶方である。

方位暦を読むには、まず基本的な吉神と凶神について知っておかねばならない。

吉神

■歳徳神《としとくじん》

歳徳神の在宮方角が「恵方」といわれるその年の大吉方である。

恵方巡回の法則は十干によって決定する。

十干は陽干（兄・エ）につく。

甲・己年――甲の方角
乙・庚年――庚の方角
丙・辛年――丙の方角
丁・壬年――壬の方角
戊・癸年――戊の方角

たとえば二〇二〇年は庚子の年である（後の年盤表参照）。したがって庚の方角に歳徳神は在宮する。庚の方角が恵方である。二〇二一年は辛丑の年である。したがって丙の方角に歳徳神は在宮する。この年は丙方角が恵方となる。具体的な方角をみるには、方位盤基本図によればよい。

■歳徳合《さいとくごう》

歳徳神と並ぶ吉神である。特に外にあらわれない内的な事がらに対して吉意が大であるとする。

在宮の方角は十干のうち陰干（弟・ト）につく

甲・己年――己の方角

乙・庚年――乙の方角

丙・辛年――辛の方角

丁・壬年――丁の方角

戊・癸年――癸の方角

たとえば二〇二〇年は庚子の年である（後の年盤表参照）。したがって乙の方角に歳徳合は在宮する二〇二一年は辛丑の年である。したがって辛の方角に歳徳合は在宮する。

■歳枝徳《さいしとく》

禍を救う福徳の神である。在宮の方角は十二支の組み合わせによる。

子年――巳の方角

丑年──午の方角
寅年──未の方角
卯年──申の方角
辰年──酉の方角
巳年──戌の方角
午年──亥の方角
未年──子の方角
申年──丑の方角
酉年──寅の方角
戌年──卯の方角
亥年──辰の方角

たとえば二〇二二年は壬寅の年である（後の年盤表参照）。したがって未の方角に歳枝徳は在宮する。

■月徳《つきとく》
月徳のつく方角は大吉。他の凶意を無化し、制する力があるとされる。在宮方角は年と月の十二支により変化する。

年	月（節月）
子年――壬の方角	十一月―壬の方角
丑年――庚の方角	十二月―庚の方角
寅年――丙の方角	正月――丙の方角
卯年――申の方角	二月――申の方角
辰年――壬の方角	三月――壬の方角
巳年――庚の方角	四月――庚の方角
午年――丙の方角	五月――丙の方角
未年――申の方角	六月――申の方角
申年――壬の方角	七月――壬の方角
酉年――庚の方角	八月――庚の方角
戌年――丙の方角	九月――丙の方角
亥年――申の方角	十月――申の方角

月徳は年と月の双方で動く。たとえば二〇二五年は乙巳の年である（後の年盤表参照）。したがって月徳はこの年には庚の方角に一年間在宮する。その上で月毎に在宮方角を移動する。

凶神

■八将神

凶神を代表する大歳神・大将軍・大陰神《だいおんじん》・歳刑神《さいぎょうじん》・歳破神・歳殺神《さいせつじん》・黄幡神《おうばんじん》・豹尾神《ひょうびしん》をいう。強烈な力を持った神とされる。それぞれが星精に見立てられている。

■大歳神

大歳神は木星の精である。その年の十二支の方角に在宮する。例えば辰年には辰の方角、子年には子の方角に在宮するのである。発展や生成につながること以外にこの方角を用いると大凶となる。

■大将軍

大将軍は金星の精で、万物殺傷の力を持つ凶神である。この方角は何事に用いても凶となる。在宮は三年間同じ方角である。

亥・子・丑年――酉の方角

寅・卯・辰年――子の方角

巳・午・未年――卯の方角
申・酉・戌年――午の方角

ただし、三年在宮の間、春夏土用秋冬の季節ごとに五日だけ遊行して留守にするため、この五日に限って大将軍の方角を安全に用いることができる（遊行移動した場所は凶となる）。
春――甲子から戊辰までの五日間（東方は凶）
夏――丙子から庚辰までの五日間（南方は凶）
土用――戊子から壬辰までの五日間（丑・辰・未・戌は凶）
秋――庚子から甲辰までの五日間（西方は凶）
冬――壬子から丙辰までの五日間（北方は凶）

■大陰神《だいおんじん》

土星の精といわれ、学問、芸術の大吉方である。しかし女性ジェンダーに関する事柄には凶方となる。在宮の原則は、
子年――戌の方角
丑年――亥の方角

寅年――子の方角
卯年――丑の方角
辰年――寅の方角
巳年――卯の方角
午年――辰の方角
未年――巳の方角
申年――午の方角
酉年――未の方角
戌年――申の方角
亥年――酉の方角

■歳刑神《さいぎょうじん》

水星の精といわれ、刑罰をつかさどる凶神である。現状を動かすことは大凶となり、罰を招くとされる。在宮の原則は、

子年――卯の方角
丑年――戌の方角

寅年――巳の方角
卯年――子の方角
辰年――辰の方角
巳年――申の方角
午年――午の方角
未年――丑の方角
申年――寅の方角
酉年――酉の方角
戌年――未の方角
亥年――亥の方角

■歳破神

土星の精といわれる凶神である。建設、移転、婚礼、旅行に凶とされる。歳破神はその年の十二支と真向いになる方角に在宮する。

子年――午の方角
丑年――未の方角

寅年——申の方角
卯年——酉の方角
辰年——戌の方角
巳年——亥の方角
午年——子の方角
未年——丑の方角
申年——寅の方角
酉年——卯の方角
戌年——辰の方角
亥年——巳の方角

■歳殺神《さいせつじん》

万物を殺滅する強力な凶神である。この神の在宮方角へ向かって何らかの行動をすることは慎んだほうがよいとされる。在宮の原則は、

子・辰・申年——未の方角
丑・巳・酉年——辰の方角

寅・午・戌年――丑の方角
卯・未・亥年――戌の方角

■黄幡神《おうばんじん》
想像上の星羅睺星《らごうせい》の精で、兵乱の神、土の神である。建築・移転・改修などに凶。在宮の原則は、

子・辰・申年――辰の方角
丑・巳・酉年――丑の方角
寅・午・戌年――戌の方角
卯・未・亥年――未の方角

■豹尾神《ひょうびじん》
想像上の星計都《けいと》星の精。不浄を嫌う神である。この神の在宮方角に廃棄物や排泄物関係のものを置くことは凶。黄幡神の真向かいに位置する。在宮の原則は、

子・辰・申年――戌の方角
丑・巳・酉年――未の方角

寅・午・戌年——辰の方角
卯・未・亥年——丑の方角

■その他の凶神・金神

金神には大金神、姫金神、巡金神の三神がある。この方角を犯すと重篤な災害災難に遭うとされる。触れてはならない恐ろしい凶神として知られている。在宮の原則は、

子年——(大金神)酉　(姫金神)卯の方角
丑年——(大金神)戌　(姫金神)辰の方角
寅年——(大金神)亥　(姫金神)巳の方角
卯年——(大金神)子　(姫金神)午の方角
辰年——(大金神)丑　(姫金神)未の方角
巳年——(大金神)寅　(姫金神)申の方角
午年——(大金神)卯　(姫金神)酉の方角
未年——(大金神)辰　(姫金神)戌の方角
申年——(大金神)巳　(姫金神)亥の方角
酉年——(大金神)午　(姫金神)子の方角

戌年――（大金神）未　（姫金神）丑の方角
亥年――（大金神）申　（姫金神）寅の方角

■その他の凶方角・都天殺

大凶方角である。何事に対しても凶。在宮の原則は、
甲・己年――辰・巳の方角
乙・庚年――子・丑・寅・卯の方角
丙・辛年――戌・亥の方角
丁・壬年――申・酉の方角
戊・癸年――午・未の方角

■その他の凶方角・白虎

凶方角である。建築、移転、改修は特に凶。在宮の原則は、
子年――申の方角　午年――寅の方角
丑年――酉の方角　未年――卯の方角
寅年――戌の方角　申年――辰の方角

卯年――亥の方角　　酉年――巳の方角
辰年――子の方角　　戌年――午の方角
巳年――丑の方角　　亥年――未の方角

他に「死符」「災殺」「劫殺」等の凶方がある。

参考文献

中村璋八・藤井友子『五行大義全釈』一九八六　明治書院
吉野裕子『十二支』一九九四　人文書院

職員令に示された陰陽寮の任務の一つに占筮があるが、これは易占のことである。易占とは『易（経）』に基づき、蓍《めどき》という植物の茎もしくは筮竹（細い竹の棒、策）を数えて陰陽をわり出し、物事の吉凶成否等を判断する占法をいう（『易経』も易占も易と言うので注意が必要である）。

易の成立

この易占のもとになった『易』とは、儒教の五経の一つで、『易経』または成立年代から『周易』ともいう。『易』に加えられた訓詁注釈学は「易学」と称する。

「易」の文字はトカゲの象形である。トカゲが日に何度も体の色を変えやすいというところから「易《か》わる」ことを意味する。「経」は縦糸を意味する。すじ道、すじ目、つまり原理性や法則性のことである。したがって『易経』は、変化してやまない現象に対し、すじ道を立てて正しく見ていくための書物、ということになる。

『易経』の構成は本文と解説からなる。本文は「経」、解説を「伝」という。

「経」は易の中心となる部分で、「卦《か》」、「卦辞《かじ》」、「爻辞《こうじ》」から構成される。

「卦」は⚊と⚋の符合（爻《こう》）を重ねたたとえば䷍のような、六本の棒（爻）からなる六十四種類の象徴的符合のことである。占によって現れるのがこの卦である。「卦辞」は卦の全体的内容の説明で、占の判断（問いたいことの答え）が示される。これは大きなイメージで物事を把握したものである。

「爻辞」は六本の爻の一本一本を説明して小イメージでとらえ、占の判断を微調整する部分である。

この「経」によって占に卦の形としてあらわれた情報の意味が明らかになる。しかし「経」による解説は難解だったため、さらに「伝」が作られた。

解説部分である「伝」には十篇あり、十翼《よく》とも称する。経を補翼（補佐）する意味である。その中でよく用いられ参照されているのが彖伝《たん》、象伝《しょう》、繫辞伝《けいじ》の三伝である。

彖《たん》伝（彖は断の意）は卦辞の解説、象伝（象はイメージの意）は卦辞全体の大イメージと爻辞の小イメージの解説を示している。

繫辞伝は注釈の一つであるが、易全体の概論にもなっており、易を占のみではなく哲学と理論にまで高めたものとして中国哲学史上では重視されている。

易の発生は非常に古く、神話的伝説的由来を持つ。

中国古代、伏犧氏が卦爻を作り周の文王が総説の卦辞を、周公が六爻に爻辞を加えた。孔子はこれに深甚な哲理を加えて十翼を作り、卦の本文を補翼した、といわれている。神話的存在の伏犧はともかくとして、易の成立は周代とみられている。

易の原理

変化と不変

易の中心となっているのは、変化と不変の思想である。この思想は「易」の文字の示す意味内容にも含まれている。

易は易簡（たやすい意）、変易（かわる意）、不易（かわらない意）の三つの意味（三義）を持っている。宇宙は変化してやまない。人も同様である（変易）。けれども大宇宙には変わらない一定不変の法則がある。小宇宙である人の運命の中には、同じ法則性が流れている（不易）。この法則性のために天地の原理的法則はたやすく知ることができる（易簡）。

三義を持っている易は、変わりつつ変わらないものを象徴でたやすく示す。宇宙の動きが法則性を知ることで予測可能なように、人間界の出来事も予測ができるとされるのである。

では、易簡の、たやすくわかる天地の原理的法則とは、易の中で何を指すのだろうか。

それを代表するのが、前に記した陰陽二元の法則である。

陰陽二元の法則

すべての存在には陰陽二元の原理が働いているが、「物極まればすなわち変ずる」の理によって陰と陽は分化しつつ運動して盛衰をくり返す。こうした見地から、易は天地間の万象を陰陽二元の原理とその運動によって説明する。

陰陽二気は分化して老陽、少陰、少陽、老陰の四象となる。少は若いこと、老はすでに成熟していることをあらわす。老の付く老陽と老陰は、それぞれ陽と陰の極である。したがってやがて次の段階に運動移行していく。老陽は少陰、老陰は少陽に転じる。少陰は陽中の陰、少陽は陰中の陽である。この四象はさらに分化して、八つの象を示す八卦《か》（乾《ケン》・兌《ダ》・離《リ》・震《シン》・巽《ソン》・坎《カン》・艮《ゴン》・坤《コン》）となる。

八卦はまたさらに分化して六十四卦となる。これらをさまざまな現象、たとえば方角、人間関係、自然現象にあてはめて、解釈を加えていくのである。

卦の分化

次々に分化する陰陽は、爻にかたちとして表される。ここで爻がどのように分化していくかを説明しておこう。

記したように爻は⚊や⚋で表されている符合のことであるが、易の構成は、陽を示す符号⚊（陽爻）と陰を示す⚋（陰爻）の符号の陰陽二元から始まる。二つの符号は陽と陰であるから、それぞれ対立する性質をあらわす。これを二本組み合わせると⚌⚍⚎⚏という四通りの型となる。

これが老陽、少陰、少陽、老陰の四象である。さらにこの型に爻を一本増やし、三本ずつの組み合わせを作ると八通りの型が得られる。これが先ほどの八卦の形である。

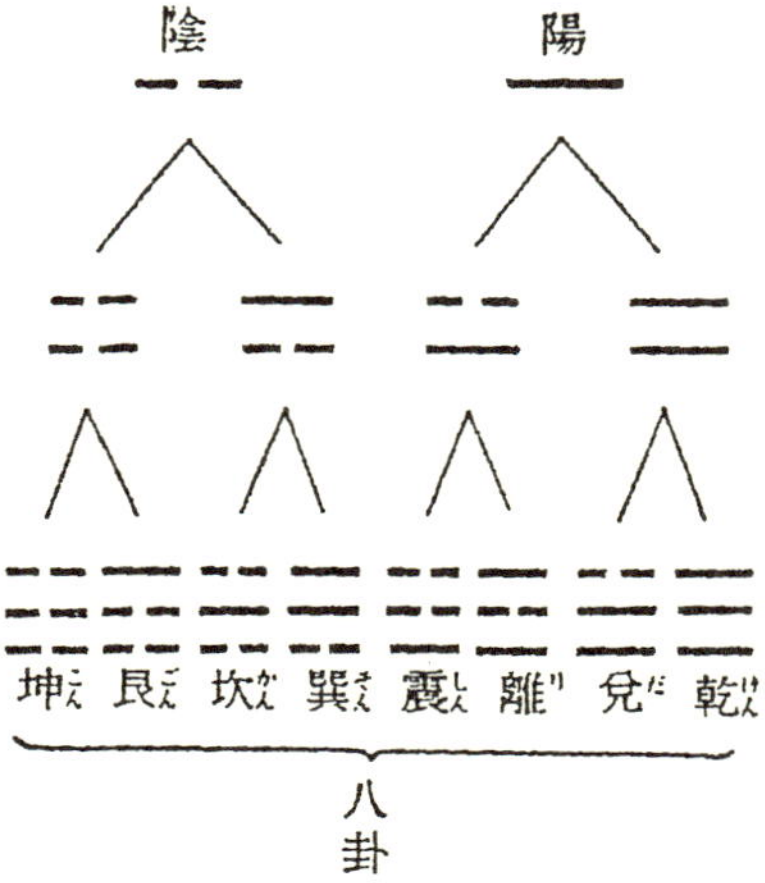

八卦はそれぞれ固有の意味を持つ。

☰乾（天）　☱兌（沢）　☲離（火）　☳震（雷）　☴巽（風）　☵坎（水）　☶艮（山）　☷坤（地）

八卦の表す意味は卦の象《しょう》という。（　）内に示したのが象である。象は自然イメージをかりている。これが万物万象を象徴するのである。おそらく歴史的には八卦だけで筮占を行っていたのだろうが、これでは単純すぎると考えられはじめ、やがてさらに詳しいものが要求されるようになった。三爻からなる八卦を二つ重ねることで六爻にし、その組み合わせを䷀から䷁までの六十四卦に増やし、占の解読資料を大幅に広げたのである。

易の具体的方法

正式な本筮法

易占の技術に関する最古の資料は「繫辞伝」である。しかし繫辞伝の記述が細部の具体を示していない簡略なものであるため、今日では他の資料（『周易正義』など）を参照して具体的な易占の技法が推定されている。

易占の正式な立て方は今日では「本筮法」といわれるもので、これは一定の決められた作業を十八回くり返す。煩瑣でかなり時間を要するものである。この作業を変という。

■変

変には第一変から第三変までの三段階のプロセスがある。

第一変

(1) まず蓍《めどき》または細竹の棒（策）を五十本揃える。ここから一本を取り出して置いておく。これは宇宙の統合、万物の源である「太極」にみたてられる。易占を支えるのはこの太極なので、まずこの一本に精神を集中する。

(2) 四十九本を左手に握り、左右両手にごく自然に分ける。このときは意識をゆるめ、無意識に近い状態でいることが大切とされる。左手は天、右手は地と意味づけられる。左手の策は天策、右手の策は地策である。

(3) 右手の地策の中から一本を取り出し、左手の小指と薬指の間にはさむ。この分は人をあらわす「人策」で、左に残った宇宙をあらわす天策とあわせて天・地・人の三才が揃うことになる。

(4) 右手の地策を下に置き、左手の天策を右手で四本ずつ数える。四本ずつ数えることは、四季の運行をかたどったものと意味づけられる。

(5) 余りは左手の薬指と中指の間にはさむ。余りが出ないときには、最後の四本を余りとして用いる。

(6) 四本ずつ数えたものを下に置き、右手の下に置いておいた分を取り上げ、同様に四本ずつ数える。

(7) 余りを左手の人差し指と中指の間にはさむ。余りが出ないときの処理は同じ。数えた分を下に置く。

余りを指にはさむのは閏年との関連のためとされる。右の一本を左小指と薬指の間にはさんだこと、四本ずつ数える作業を左と右の二度行うこと、余りを二度はさむことを合計すると五つの操作となる。この操作の中に余りが二度出るが、これを五年に二度の閏とみるのである。

(8)　左手の指にはさまれた策の数を合計する。四十八本を四本ずつ数えた余りは左右合わせて四本か八本になり、小指の人策をプラスすると五本ないしは九本になる。したがって合計は五ないし九本であり、それ以外はない。ここまでが「第一変」といわれるプロセスである。

第二変

(1)　次に四十九本から五ないし九本を取り除いた数、四十四本か四十本を用いていく。これに対しさらに同様に第一変の(2)から(7)までの操作を繰り返す。

(2)　左手の指にはさまれた策の数を合計する。四十三本ないしは三十九本を四本ずつ数えるから、余りは左右を合わせて三本か七本、左小指分を加えると四本か八本になる。ここまでが第二変である。

第三変

(1)　第二変の四十四か四十本から、余りの数四または八をさらに除いた策を用いる。その数は四十本、三十六本、三十二本となる。これに対し第一変の(2)から(7)までを繰り返す。

(2) 指にはさんだ策の数を合計する。余りの数は四本ないしは八本である。以上が第三変である。

■爻《こう》をえがく

三変が終わると、三つのそれぞれの変で出た余りの数から爻を出していく。

次の変爻の項でのべるが、易では六、八、七、九は特別な意味ある数字として扱われ、偶数である六は老陰、八は少陰、奇数の七は少陽、九は老陽とされた。この知識を用いて爻を出すのである。

余りが三変とも少ない数（五・四・四合計十三）のときは、その他の四本ずつ数えた策の数は四十九マイナス十三で三十六本なので、四本ずつ九回（四×九）数えたこととなる。九は老陽なので爻は老陽で符号は□であらわされる。

一つが多い数、他の二つが少ない場合（九・四・四または五・八・四または五・四・八合計十七）には、その他の四本ずつ数えた数が三十二本であり、四×八となる。八は少陰なので、爻は少陰で符号は⚋となる。

逆に二つが多くて一つが少ない場合（九・八・四または九・四・八または五・八・八合計二十一）には、その他の策は二十八本であり、四×七となる。七は少陽なので爻は少陽で符号は⚊である。

三変が全て多い数の場合（九・八・八合計二十五）は、その他の四本ずつ数えた策は二十四本であり、四×六となる。六は老陰であるから爻は老陰として✕の符号であらわされる。このような手順で一爻が画かれる。

次にこの操作を六回繰り返す。卦は六爻から成立している。そして一爻は三変から成り立つから、六爻を得るには三×六で十八変が必要となる。こうして得られた六爻は下から初、二、三、四、五、上と言い、下の三爻を内（下）卦、上の三爻を外（上）卦と称する。

これが揃うと、次は『易』の卦辞による判断に移る。しかし卦辞だけでは易断が完了しない場合があるので、これを説明しておく。

■変爻

易では数に意味を認め、また象徴をみていった。一から十までの数のうち、奇数は陽で天に相当し、剛の性質、偶数は地であり柔の性質を持つとされた。

そのうちの六から十までの数は特に重んじられた。一から五までが物が生成する段階であるのに対し、六から十までは物が完成成就する段階の数とされたからである。偶数の六と八は陰、奇数の七と九は陽であるが、のべたように六は老陰、八は少陰、七は少陽、九は老陽と意味付けられた。老は既に成熟しきり、やがて次のプロセスへ移行変化しようとしていることを示す爻なので、変爻と呼ばれる。

変爻がある場合には近い将来にあらわれる変化の相を読みとっていく必要が生じるのである。

■変爻のない卦の解釈

六爻の中に老陰、老陽の変爻が入っておらずに少陰・少陽だけで構成されている場合の卦の解釈は、主に内卦（下卦）と外卦（上卦）の卦象によっておこなわれる。内卦と外卦の解釈には区別がある。内卦は自分自身や先を示すものとされる。外卦が示す対象は他者や後をあらわすとされている。

■変爻のある卦の解釈

変爻がある場合には複雑になる。老陽や老陰を含む卦が得られたときには、まず変爻部分が変爻になっていない元の卦を求め、次に変爻部分が陰陽変化した形の卦を求める。元々の卦を本卦、変化した形の卦は之卦《しか》と呼ばれる。たとえば得られた結果がであれば、本卦は□の部分が老陽の変爻になっていない少陽であり、（中孚）となる。之卦は□部分が少陰に陰陽変化した（渙）である。本卦と之卦が出揃ったら、両方の卦辞、卦象と本卦の変爻の爻辞を総合してみていくべきだとされている。

簡略法

■略筮法

次に易占の簡略法を記しておこう。六爻を画き内卦と外卦を完成させることを成卦という。成卦を得るまでに十八回の操作を繰り返す正式な本筮法に対して、手続きを簡略化したものに略筮法がある。

略筮法では第一変で内卦、第二変で外卦、第三変で変爻を求める。筮竹（策）は第二変までは八本ずつ、第三変では六本ずつ数えていく。

第一変

(1) 五十本の筮竹から太極となる一本を抜く。

(2) 残りの四十九本を左手に握り、左右の手で二分する。

(3) 右手の地策の中から一本を取り出し、左手の小指と薬指の間にはさむ。

(4) 右手の地策を下に置き、左手の天策を右手で八本ずつ数える。余りが八本の時は数えきってしまう。

(5) 余りを小指にはさんだ一本を加えて数える。余りは合計一本から八本である。余りが一ならば乾☰、二ならば兌☱、三ならば離☲、四ならば震☳、五ならば巽☴、六ならば坎☵、七ならば艮☶、八ならば坤☷というように八卦に対応させる。こうして第一変で内卦が得られる。

八卦は三爻から成り立っているから、一回の操作だけで三つの爻が出揃ったのである。

第二変

第二変も同様に、内卦の上に重ねる外卦を求めるための作業を繰り返す。これが終わると六爻が揃う。八卦には変爻がないので、ここに変爻以前の本卦が得られたことになる。

第三変

(1) 四十九本の筮竹を二分する。
(2) 右の一本を取り出し左手の小指と薬指の間にはさむ。
(3) 左手の分を六本ずつ数える。余りが六本の時は数えきってしまう。
(4) 余りは小指にはさんだ一本を加えて数える。余りは合計一本から六本である。余りが一本ならば初爻（一番下の爻）が変、二本ならば第二爻が変、三本ならば第三爻が変、四本ならば第四爻、五本ならば第五爻、六本ならば上爻（一番上の爻）が変となる。

この方法ではまず本卦を出し、次に変爻を出し、変爻が陽ならば陰へ、陰ならば陽へと変化した形の之卦を求めるのである。その上で解釈は正式な本筮法と同様におこなう。両方の卦辞、卦象、爻辞を参照しながら見ていくのである。

■擲銭法《てきせん》

こうした蓍や筮竹を使った卦の出し方に対し、さらに簡易化をすすめ筮竹を用いずに、三枚の硬貨を空中に投げることによって陰陽を決める方法も行われた。擲銭法である。

唐代に作られた『儀礼疏』には銭が三枚全て裏になっているのは老陽、全て表は老陰、二枚表で一枚が裏は少陽、二枚裏で一枚表は少陰とし、爻を描く方法の代わりにしたとの記載がある。この方法は広く普及していたらしい。なおコインの表裏と陰陽の関係については、時代により別の扱い方もある。

■今日の擲銭法

まず前段階の作業として三枚のコインを用意する。三枚は同じ種類のものを用いる。次にコインの裏表を決めておく。

コインを投げる

二枚表・一枚裏は ⚊（少陽）

一枚表・二枚裏は ⚋（少陰）

三枚裏は □（老陽）

三枚表は ×（老陰）

とする。

卦は六爻で出来ているから、六爻を得るためにこの作業を六回行う。得られた最初のものが初爻となる。初爻から次々に爻を上に積んでいく。

最初のコインを投げたとき、裏・裏・表なら少陰なので、その印⚋を記しておく。次の回に表・表・裏と出たら⚊少陽なので印を記す。三回目が表・表・表ならば老陰なので✕の印をつける。ここで三つの爻が揃い、☵という形の成卦の下の部分の内卦が得られる。さらに三回同じ作業を続ける。次の作業では内卦の上に乗る外卦を得ることになる。二枚表、一枚裏は⚊少陽、二枚裏、一枚表は⚋少陰、最後も二枚裏で一枚表だと⚋少陰となるので、それぞれを重ねると☳となる。最初の三回で得た内卦と次の外卦を重ねると、全体では䷧となる（爻はあくまでも下から上へ積んでいくのが原則なので、これに従うこと）。

次にこの卦を解読していくことになる。まず得られた結果から本卦を出す。本卦は老のつく変爻を持たない型である。擲銭の結果は䷧なので、本卦は三爻の✕（老陰）が老を持つ以前の⚋となり、䷧である。後に記した六十四卦の卦辞の一覧の中から本卦に該当するものをさがす。䷧には陽爻が二本あるので陽爻二本の項を見ると、「解」に該当することがわかる。本卦の示す「解」の意味する内容が、易占の出した回答である。

しかし、これだけでは易占は完了しない。老陰や老陽の✕や□を含むものは変爻である（変爻参照）。老は一つの状態が極まって次の段階に移行する意味を含んでいた。したがって老陽や老陰を含む変爻の場合には、移行変化した状態をも読んでおかなければならない。それが今後のやってくる未来の状態状況だからである。䷧の変化すべきところは✕老陰の部分である。✕は将来陰陽変化して⚊に変わる。✕が⚊に変わったときの全体は䷟であり、これが之卦となる。この之卦を六十四卦に対応させると「恒」が得られる。この「恒」と「解」の卦辞とを総合し、現在と未来を勘案して易占を行っていくのである。

①　変爻の変化

老陰は少陽に変化✕→⚊

老陽は少陰に変化□→⚋

②　本卦と之卦の出し方

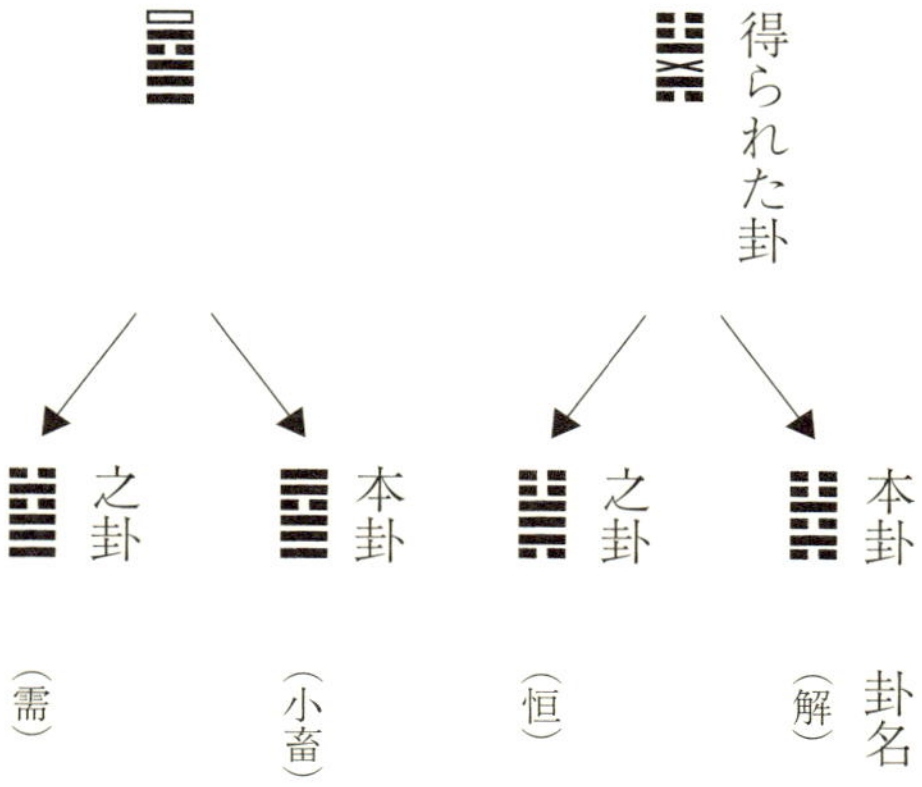

本卦の出し方は老陽、老陰は陰陽変化させず、老をとるのみでよい。
之卦の出し方は老陽、老陰は陰陽変化させる。

六十四卦

こうした簡易な方法を用いるにしろ、正式な本筮法を行うにしろ、そこで得られた卦には深甚な意味が付与されている。

今日これを説明するときには、上卦と下卦を乾・兌・離・震・巽・坎・艮・坤の八卦の順に並べて組み合わせることが多い。しかしここでは見やすいように、陰陽の爻数でグループ分けして整理して記しておく。これは卦辞だけの意味である。なお、卦の下の（　）内は一般的呼称である。

陰爻陽爻三本（爻の最下部である初爻が陽）

䷊ 泰（地天泰）安泰の意
小なるもの去りて大なるもの来たる。吉にして亨《とお》る（うまくいく）。

䷵ 帰妹（雷沢帰妹）嫁入りの意
先に進みおしかけていくのは凶。得ることはない。

䷻ 節（水沢節）節制の意
亨《とお》る。しかし節度を守り限度を越えない。

䷨ 損（山沢損）減損の意
孚《まこと》（まごころ）があれば大いに吉で、とがはない。貞《ただ》しくしていける。進んで往ってもよい。何をもって神を祭るべきか。質素と敬虔が大切である。

䷶ 豊（雷火豊）盛大の意
亨る。王者の威厳が保たれる。心配はない。日中がよい。

䷾ 既済（水火既済）完成の意
少しく亨る。貞《ただ》しければ得るものあり。初めはよいが終わりは乱れる。

䷕ 賁《ひ》（山火賁）飾りの意
亨る。小さな事を行うには良い。

䷐ 隋（沢雷隋）従う意
大いに亨る。貞しくしているとよい。まちがいはない。

䷔ 噬嗑《ぜいごう》（火雷噬嗑）罰する意
亨る。罪を裁くとよい。

䷩ 益（風雷益）増益の意
進んで往くのによし。大川を渉る（決断する）によし。

陰爻陽爻三本（初爻が陰）

䷋ 否（天地否）閉塞、行き止まりの意
人道にそむいている。君子が心正しくてもよいことはない。大なるものは去って小さいものが来る。

䷴ 漸（風山漸）進む意
女性が嫁ぐのに吉。貞しくしていると得るものがある。

䷷ 旅（火山旅）旅する意
少し亨る。心正しく旅すれば吉。

䷞ 咸《かん》（沢山咸）感じ合う意
亨る。貞しければよし。結婚は吉。

䷺ 渙《かん》（風水渙）散る意
亨る。先祖の霊を祀り祈る。大川を渉る決断をすべき時。貞しくしていれば得るものがある。

䷿ 未済《びせい》（火水未済）未完成の意
亨る。しかしもう少しのところで完成に到らない。何事も成就せず、得るものはない。

䷮ 困（沢水困）困苦の意
亨る。貞しい人ならば吉。弁舌をふるっても信じてもらえない。

䷑ 蠱（山風蠱）腐敗が極まり、それを治めるために事をおこす意
大いに亨る。決断するによい時。心を新たにし丁寧に行なうがよい。

䷯ 井《せい》（水風井）民をうるおす意

井戸水を汲むつるべの縄がほとんど届こうという時につるべが壊れた。凶。

䷟ 恒《こう》（雷風恒）恒久の意

亨る。とがはない。心貞しければよし。進んで往ってもよし。

陽爻二本

䷒ 臨（地沢臨）幸運に臨む意

大いに亨る。貞しくしているとよい。八月には災難あり。

䷣ 明夷《めいい》（地火明夷）光明がおおわれる意

艱難に耐え貞しくしているとよい。

䷲ 震（震為雷）震動の意

亨る。地震は地を揺らし恐ろしいがその後で人は笑う。百里四方を雷は鳴り響くが恐れることはない。

䷂ 屯《ちゅん》（水雷屯）初めの困難の意

大いに亨る。貞しくしているとよい。しかし早急に何かを開始してはいけない。

䷚ 頤《い》（山雷頤）養う意

貞しければ吉。良く観察してから口に入るものを求めて自分自身を養う。

䷭ 升《しょう》（地風升）昇りすすむ意

大いに亨る。立派な人に会えば恐れることはない。南方に行けば吉。

䷧ 解（雷水解）解放、解決の意

西南方向がよい。行くところがなければもとに戻るのが吉。行くところがある人は早くするのが吉。

䷜ 習坎《しゅうかん》（坎為水）重なる険しさ、おとし穴の意

真実があればその心は亨る。行けば達成できる。

䷃ 蒙《もう》（山水蒙）若気の愚かさの意

亨る。自分から教えようとしたのでなく童蒙の方から求めてきたのだ。筮占の答は初めは教えるが、再三は教えない。貞しくしているとよろしい。

䷽ 小過《しょうか》（雷山小過）小さな行き過ぎの意

亨る。貞しくしているとよい。小事にはよいが大事は成就しない。鳥が声を残して飛び去る。上に昇れば悪く、下るのはよい。大吉。

䷦ 蹇《けん》（山水蹇）行き悩む意

西南の方角はよい。東北はよろしからず。賢者に会うのはよい。貞しければ吉。

䷳

艮《ごん》（艮為山）止まる意

止まるべき背中に止まり、我が身を忘れる。庭に出ても人が目に入らない。とがはない。

䷬

萃《すい》（沢地萃）集まる意

王が祖廟で祭祀する。賢者に会うによい。亨る。貞しくしているとよい。大きな犠牲を捧げると吉。進んで往ってもよい。

䷢

晋《しん》（火地晋）進みのびる意

よく国を治めた諸侯は、天子から何頭もの馬をほうびに賜わり、日に三度も接見を許される。

䷓

観（風地観）仰ぎみられる意

神に捧物をする前、潔斎して慎む。そうすれば真実があって（その姿には）尊厳ただよう。

陰爻二本

䷠

遯《とん》（天山遯）退く意

亨る。貞しくしていると小事についてよし。

䷅

訟《しょう》（天水訟）争いの意

䷼

孚《まこと》（誠意）だけでは八方塞がりになる。身を慎んで中道を得れば吉だが、そのまま進めば凶。賢人に会うのもよいが、決断はよくない。

䷸ 巽《そん》（巽為風）風に順う意

少し亨る。進んで往くのによい。賢人に会うのもよい。

䷱ 鼎《てい》（火風鼎）煮炊きの器の意

大いに亨る。

䷛ 大過（沢風大過）大いなる重荷の意

重さで棟木がしなっている。それでも進んで往くのによい。亨る。

䷘ 无妄《むぼう》（天雷无妄）偽りのない自然の道理の意

貞しければ亨る。貞しくないと災がある。進んで往くのはよくない。

䷤ 家人（風火家人）家庭を治める意

家庭にいる婦人が貞しくあればよし。

䷝ 離（離為火）着く意

貞しければよし。亨る。従順にしてつき従えば吉。

䷰ 革《かく》（沢火革）変革、革命の意

己《つちのと》の日（盛りをすぎて物事が変化する時）に信じられる。孚《まこと》（誠意）があれば大いに亨る。貞しくしていればよろしい。悔いることもなくなる。

䷼　中孚《ちゅうふ》（風沢中孚）まごころの意
豚や鳥にまで感じさせる信があれば吉。新しい決断をするのによい。貞しくしているとよい。

䷥　睽《けい》（火沢睽）そむき合う意
小事にては吉。

䷹　兌《だ》（兌為沢）悦ぶ意
亨る。貞しければよし。

䷙　大畜（山天大畜）力をたくわえる意
貞しくしているとよし。家で徒食せず出仕して吉。決断の時である。

䷄　需（水天需）待つ意
孚《まこと》ありて大いに亨る。貞しければ吉。決断の時近し。吉。

䷡　大壮（雷天大壮）強壮の意
貞しいとよい。

陽爻一本

䷗　復《ふく》（地雷復）反復、復帰の意

亨る。出処進退に障害はなく、人が来ても悪いことはおこらない。陰陽吉凶が反復し、七日で復帰する。進んでよろしい。

師（地水師）軍隊、集団を組織する意

貞しく立派な将ならば、運隊をまかせても吉であってとがめられることはない。

謙（地山謙）つつましさの意

謙遜な態度でいれば亨る。初めは悪くても終わりには運が開ける。

豫《よ》（雷地豫）和らぎ楽しむ意

君主をたて、運隊を進めるのによし。

比（水地比）親和の意

吉。長い間大いに貞しいか占うべし。徳をそなえていればとがはない。おだやかでない者もよってくるだろう。しかし遅れて来る人は凶。

剥《はく》（山地剥）剥奪の意

進んで往くのはよくない。

陰爻一本

姤《こう》（天風姤）出遇う意

女性の勢が強い。娶《めと》ってはならず。

䷌

同人（天火同人）人と交わる意

野において広く人と交われば亨る。決断によい時。心貞しくしていればよし。

䷉

履（天沢履）ふむ意

虎の尾をふんでも喰われずにすむ。亨る。

䷈

小畜（風天小畜）少ないたくわえの意

亨る。雲あり雨が降りそうだが降らない。西の方に気があるが、雨にはならない。

䷍

大有（火天大有）大規模な所有の意

大きく持つことはよい。大いに亨る。

䷪

夬《かい》（沢天夬）裁き・決断の意

孚《まこと》があっても物事を裁く時には危険がある。むやみに武力を用いて解決してはよくない。進んで往くにはよい。

陽爻のみ

䷀

乾（乾為天）天、父、男、剛の意

大いに亨る。貞しければよし。

陰爻のみ

䷁　坤（坤為地）地、母、女、柔の意

大いに亨る。牝馬のように従順にしているとよい。自ら先に行くと迷い後に順えば落ちつける。東北に行くと友を失い、西南に行けば友を得る。安らかに貞しくしていれば吉。

参考文献

中村璋八・古藤友子『周易本義』中国古典新書続編　一九九二　明徳出版社
本田済『易』朝日古典選　一九六六　朝日新聞社
赤塚忠『易経』中国古典新書　一九七四　明徳出版社
高田真治・後藤基巳訳『易経』岩波文庫　一九九三　岩波書店
高田淳『易のはなし』岩波新書　一九八八　岩波書店
金谷治『易の話』講談社現代新書　一九七二　講談社

九星術とは

九星術とは中国古代の占星術から派生した占法である。

漢代には、天の中心にいる北極星（太一神）が易の八卦に配された宮殿（天の九区域）を順に従って移動巡行する「太一九宮の法」の記載がみられる（『易緯乾鑿度《えきいけんさくど》』）。天の九区域である九宮は九神によって支配されているが、太一神が九宮を巡るとそれにともなって、九宮に対応する地上のそれぞれの各分野に災いがおこるとされた。

唐代になると、九宮貴神の壇を設けて祭祀が行われ、また太一神の巡行を推定し吉凶を占った。

九星術が中国で隆盛をみたのは唐代である。

日本では陰陽道にとり入れられ、平安時代に盛行をみる。

陰陽道に入った九星術の基本は、陰陽五行説（特に相生相剋）、変化に基づく易の原理と、天文暦数の循環の原理の応用である。

九星とは一から九までの九つの星のことをいう。

図2　太一九宮法

南

	四宮 巽	九宮 離	二宮 坤	
東	三宮 震	五宮 中央	七宮 兌	西
	八宮 艮	一宮 坎	六宮 乾	

北

一白、二黒、三碧、四緑、五黄、六白、七赤、八白、九紫が九星である。まずこれらの星に五行を当てはめ、易の八卦である乾・兌・離・震・巽・坎・艮・坤・中央の九宮に配する。これらの九つの星が九宮を移動することによって変化が生じるが、その変化に基づいて運勢や日時、方角の吉凶を判断する占法が九星術である。

九星術の方法

方位盤

九星術では「方位盤」という図を用いる。八卦が各方角に配されたものが方位盤である。すでに記したが、八卦は陽陰三つの三爻を重ねたものである。陽は⚊で、陰は⚋で示される。

易では「物極まればすなわち変ずる」の理にしたがって、万物に対しその変化のさまをみていく。すべて陽の純陽は☰、すべて陰の純陰は☷で示され、この間の純陽から純陰へ到る☰《乾》☱《兌》☲《離》☳《震》☴《巽》☵《坎》☶《艮》☷《坤》という移行のプロセスに細かな意味の差を見出していった。各プロセスは卦の形象と卦名と意味がセットになる。これが八卦である（易の項参照）。

この八卦は方位盤を八分割した形で記される。

図3　八卦方位盤

（図の東西南北は今日の地図とは逆となる）

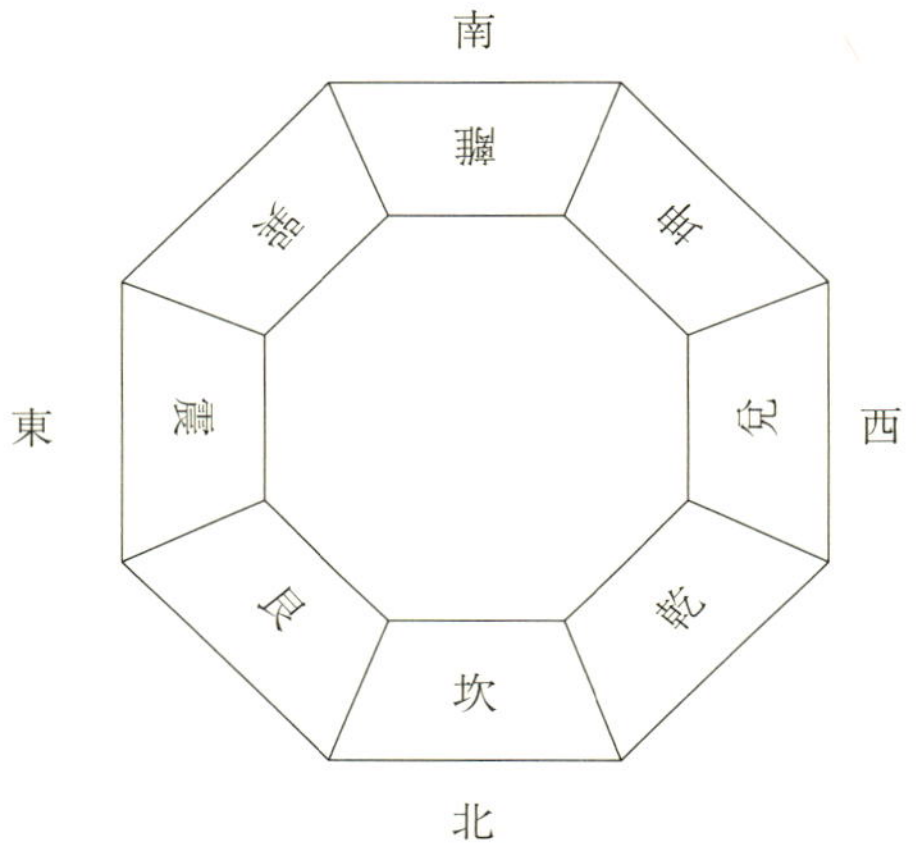

図4　九星基本配置図［定位盤］

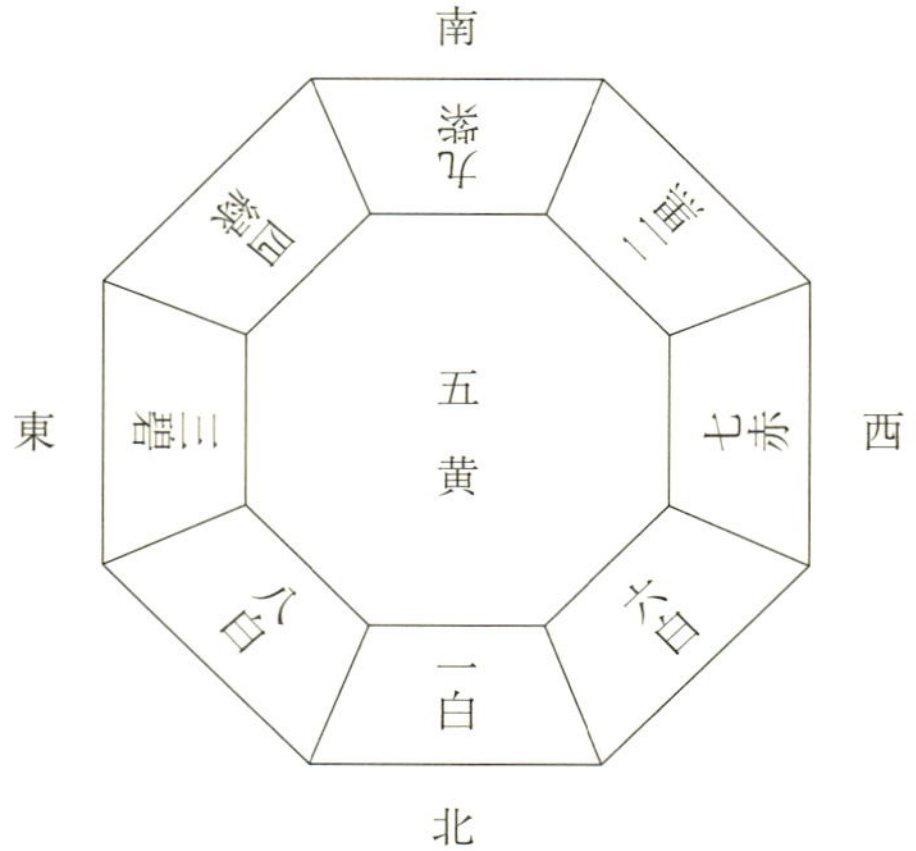

この基礎の上に九つの星が五行のいずれかと関係付けられた上で座すのである。

九星と五行の関係はきまっており、

一白—水性／二黒—土性／三碧—木性／四緑—木性／五黄—土性／六白—金性／七赤—金性／

八白━土性／九紫━火性

のようにして配される。各五行の性質から、色彩とも結びつく。例えば火の性は紫色、木の性は緑や碧色である。

九星は易や五行の原理に従って規則正しく移動するが、図4（九星基本配置図）に示した九星の配置は五黄（土性）が中心にいるもので、この形を定位盤という。定位盤上で九星がそれぞれ占めている場所が、九星の定位置である。これらの場は八卦と結びつき深甚な意味を与えられている。九星術の基本はこの定位盤に示されており、移動の起点にもなっていく。

なおこの九星がなぜ五黄中心にこのような形で配置されたのかという理由については、神秘的意味づけがなされて語られている。『易』の繋辞伝（図は『周易本義』）には中国太古に黄河と洛水にあらわれた龍馬と神亀の聖獣の紋にそのような形が刻されていた（「河図」、「洛書」）ので、これを尊重し用いるようになった、と記されているのである。これは始原的太古に価値の源泉を求める、という思考（神話作用）によって生みだされた説明であろう。神話的な由来はもちろん事実ではないが、しかしこの図の由来が古いことは認められている。

またこの九星基本配置図の各数字を縦・横・斜めに加えてみると、それぞれその数は十五となる。したがってこれは一種の魔法陣と考えられたこともあり、数字の上からもこの配置は尊ばれて盤自体は神秘性を強めていった。なおこの配置を「九宮魔法陣」と呼ぶ。

九星の移動

九星の移動は毎年毎月毎日おこなわれる。これを年で示したものを年盤という。月ごとのものは月盤といわれる。この巡行の規則は、

北↓南西↓東↓南東↓中央↓西北↓西↓東北↓南

の順となることである。例えば去年東に位置（在宮という）した星は今年は南東に、来年は中央に在宮する。

その年の年盤上の中央に在宮した九星（これを中宮という）がその年の星である。

年毎の九星の移動巡行はわかりにくいようであるが、そうむつかしいものではない。五黄中宮の定位年盤から動かしてみると次の図のようになる（便宜上四角を用いて示す）。

ちなみに、①は二〇二二年の年盤、②は二〇二三年、③は二〇二四年のものである。

二〇二二年の①は図の中央に五が位置するので五黄中宮の年である。この五黄中宮の年盤は基本となる定位年盤

図５　九宮魔法陣

4	9	2
3	5	7
8	1	6

横　2＋9＋4＝15
3＋5＋7＝15
8＋1＋6＝15

縦　2＋7＋6＝15
9＋5＋1＝15
4＋3＋8＝15

斜め　2＋5＋8＝15
4＋5＋6＝15

なので基点にして②をみると、一つずつ数字が五から四、というようにくり下がっている。盤上の星はすべて次の年には一つ数が下がる。一は九に変化する。

②と③も同じ関係が読みとれる。九星の巡行は毎年一つずつ数が減じた形で行われるのだ。直近の五黄中宮の年が分かれば、そこから計算してその年の中宮している星が割り出せる。さらに定位盤の九星の位置（これを定座という）を知っていると、その年盤そのものが理解できるのである。なお、年盤と月盤を後に記してある（二五五頁〜）。

九星術による占をするためには、まず年盤の上の九星の巡行を知ることが求められる。それができた後には、次に生まれ年の星である本命星に対する個別の情報が必要になる。これが得られ

図６　九星の移動巡行

①

4	9	2
3	5	7
8	1	6

↓

②

3	8	1
2	4	6
7	9	5

↓

③

2	7	9
1	3	5
6	8	4

ると、個人に関する占が可能になる。

本命星—個人を占うための基礎

九星術では人はそれぞれ自分の生まれ年にめぐってきた九星の一つを「本命星（ほんみょうしょう）」といい、生涯自分と関わる星としてみていく。本命星がわかるとそれらの星には五行が伴うから五行も判明する。九星術にとって本命星が何であるかは個人を占ううえでの不可欠の情報であり、九星術の具体的な占はここから始まる。

まず自分を占うときには自分の、相手を占う場合には相手の星（本命星）を知らなければならない（本命星は後の年盤表参照。）自分の生まれた年に中宮しているのが自分の本命星である。二〇〇〇年生まれの人を例にすると、本命星は年盤表から九紫と判明する。なお、本命星は旧暦からみるので、一月一日から節分までの生まれの人の本命星は、前年に中宮していた星とする。たとえば二〇〇〇年一月二十日生まれの人の本命星は、一九九九年に中宮している星となる。二〇〇〇年は九紫中宮、一九九九年は一白中宮の年であるが、一白が本命星となる。

本命星と年盤が出揃うと、自分の本命星が年盤のどこに在宮しているのかをみて、自分の内的

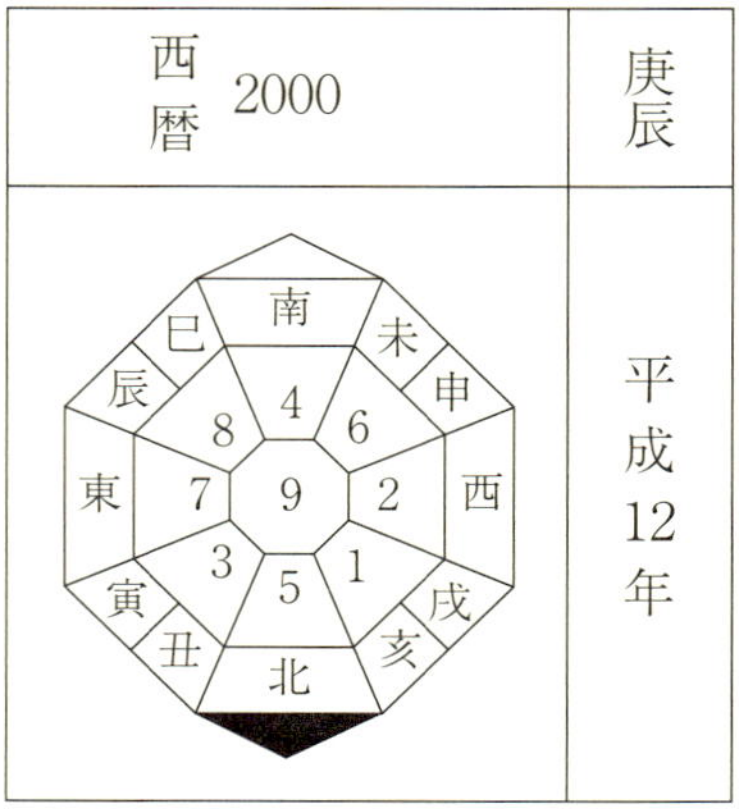

年盤表の見方

外的状態を読みとっていく占の作業が開始されるのである。

九星の各星は五行や易と結びつき固有の意味を持つが、それは宮（座）の位置とも結びついている。宮（座）そのものが強い意味を有しているのである。この知識がないと本命星がある宮（座）に在宮したときに読みとるべき意味が解けない。したがって在宮する各宮にはどのような意味、象があるのか、を知ることも必須である。

今までのべてきた、九星術を用いて個人に対する占を行うためのプロセスは、

定位の基本年盤を理解する

←　その年の年盤で中宮している星を知る

←　自分の本命星を知る

←　その年の年盤のどの座に自分の本命星が在宮しているかを見る

←　解釈する

の如くであった。

解釈はさまざまな方面から行われるが、まず星を巡行在宮させる前に、九星に与えられている五行の意味する内容について確認しておきたい。この知があると、九つの星の性格が大まかに理解できるからである。

九星のもつ五行の意味

五行の五象にはそれぞれ固有の働きがあり、九星にはこれらの各五行の性格が付与される。

三碧・四緑
　木性―植物が芽生え成長する働きを象徴。
九紫
　火性―燃焼灼熱にかかわる光と熱の働きを象徴。
二黒・五黄・八白
　土性―大地の働きを象徴。
七赤・六白
　金性―金属の凝固する働きを象徴。
一白

水性―液体の持つ流れる働きを象徴。

五行と九星の結びつきがわかると、この知識はただちに占に直結していく。

九星の相生相剋比和

五行の思想では、五行間に生じる相生、相剋の関係が重視された。九星術でも五行の相生相剋は重視される。この原理は、互いの五行が接触したときに固有の「動き」が生じる、という認識から発している。

互いに助け合う関係を相生、反発する関係は相剋といった（陰陽道の歴史参照）。この二つの外にさらに同質のものの接触があるが、これを「比和」といい、相生、相剋の中ほどに置く。ほどほどの扶助関係が生じるとするのである。例えば木旺木（木と木は相旺して比和する）火旺火（火と火は相旺して比和する）とみるのである。旺は広がる意味である。

相生、比和は生産的関係であるから、これを用いることによってよい結果が期待される。相生は隣合った五行が相互によい影響を与え合うものであるが、しかし単純に両隣が同等の力を及ぼしあうものとはみない。相生関係である木火土金水を円形に並べたとき、右廻りの隣は能動、左廻りの隣は受動の関係になる。例えば、火にとって土は能動、木は受動となる。土にとって金は能動、火は受動である。

図７　能動の関係・受動の関係

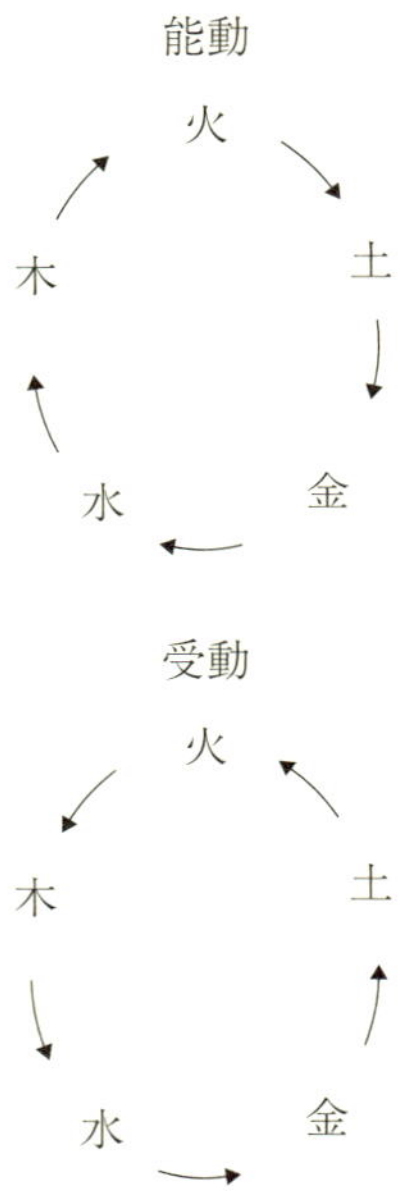

能動関係はその星の者が能働的に右廻りの隣の五行を持つ星の者に働きかけることで生産性が生まれ、受動関係は左廻りの隣の五行の星の者に働きかけられ、それを受けることでよい結果が招来されるとみる。したがって能動に位置していれば、自分から積極的能動的にふるまってよい。受動であれば相手を受け止め、受動的にふるまうことの方が、関係の発展展開のためにはよいことになる。

これらの関係性に関する占は、個人と個人の相性《あいしょう》の良し悪しや、どのようにふるまえば関係が円滑にうまくいくかといったふるまい方の原理を調べるのに用いられる。これは互の本命星が判明していればすぐに行うことができる。占の対象になった人それぞれの本命星がわかると、それには五行が含まれるから、五行関係から割り出せばよい。

次にみておきたいのが、それぞれの生年に付いている十干・十二支である。

九星と十干十二支

十干は中国の黄帝の師大撓が創ったとされる古い由来を持つ。もともとは十日を一旬（旬は一月を三分割した各十日）として暦日（日どり）を読むのに用いられたものである。ここに陰陽と五行が配される。陽と陰はそれぞれ兄（エ）、弟（ト）として分類された。

この十干に与えられた五行と陰陽によって、十干には性格が付与されるようになる。十干はやがて適用対象が広がり、年にも応用されるようになって、年毎に十干が配されることになる。

十二支は中国占星術の語で十干と結び暦法に用いられた。これは年月日時方角にも応用される。月は一年で十二回の満ち欠けを繰り返すが、この間の十二回の各季の特徴を示す語を用いて天地の運行を説明したものである。季節の特徴は植物の生成消滅のプロセスによって示される。したがって十

図８　陰陽と五行

五行＼陰陽	陽（兄《え》）	陰（弟《と》）
木	甲《きのえ》	乙《きのと》
火	丙《ひのえ》	丁《ひのと》
土	戊《つちのえ》	己《つちのと》
金	庚《かのえ》	辛《かのと》
水	壬《みずのえ》	癸《みずのと》

二支は植物のイメージでできている。動物の名になったのは後の附会である。一年の時季の流れは陰陽の変化ともつながるため、十二支にはそれぞれ該当する易の卦が当てられている。

こうした十二支は十干と結びさらに複雑な六十干支を形成していく。

九星では星による特性がすでに示されていたが、干支が加わると、これらがさらに拡大していく。

五行も同時にその範囲を拡大する。たとえば木性は活動的、火性は果敢、土性は奉仕的、金性は冷徹、水性は柔順であるなどの見方は五行の特質を人の精神活動に投影させたものである。臓器も五行と関係付けられる。肝臓は木性、心臓が火性、脾臓が土性、肺は金性、腎臓が水性となる。

種々な現象は五行、易、干支に還元されたうえで九星に配分されたが、やがて詳細に整えられ、九星の各星ごとに一つのパターンのようなものが作られる。

たとえばこのパターンと五行相生の原理を用いれば、相生関係にある相手の象をみることができよう。

左は五行と十二支を入れた九星基本配置図である。

九星の象意

ここで九星の象意を一覧しておきたい（なお使いやすさを考えて今日的意味を加えた）。

図９　含五行　九星基本配置図

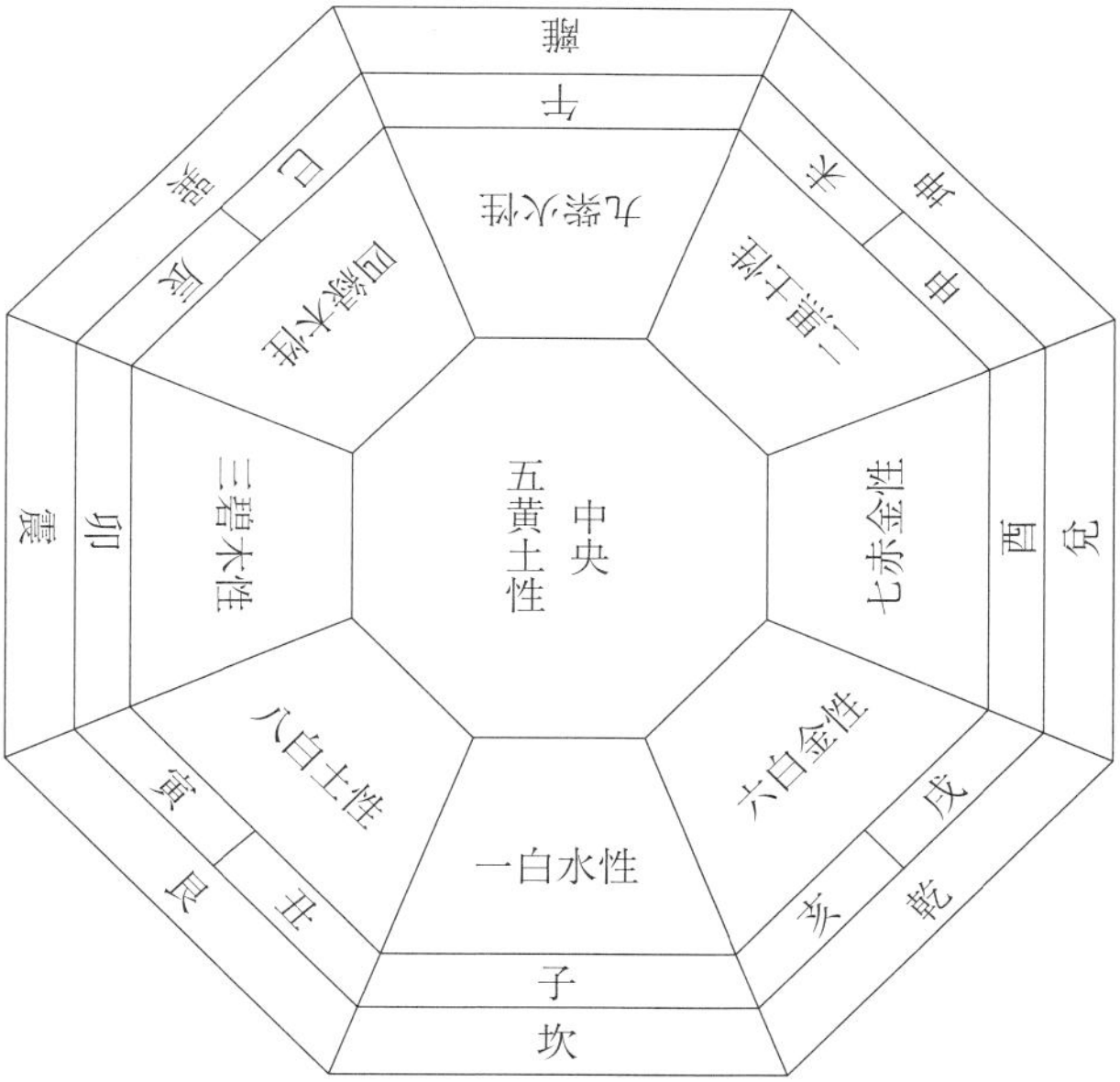

一白水性

易象　☵　坎《かん》

五行　水性

季節　冬

時間　（午後十一時から午前一時）

方角　北

十干　壬癸

十二支　子

色　黒

天象　水を含むもの。雨、雪、露、洪水、水害、津波

場所　水の流れるところ、暗がり、河川、低地、浴場、北方

人　中年男性、病人、哲学者、画家、死者

人体　腎臓、血液、汗

全体象意　易象水の意からこだわらない、流される意。陰の極から陽への変転のきっかけを含む意とする。

二黒土性

易象　☷　坤《こん》
五行　土性
季節　晩夏から初秋
時間　午後一時から五時
方角　西南
十二支　未申
色　黒、黄
天象　曇
場所　田畑、野原、平地、墓地、工場、古家
人　老婦人、母、大衆、労働者、隠者、勤勉な人、補佐役
人体　腹、胃腸、脾臓
全体象意　易象大地の意から受け身。天の陽に対しては陰、女性。忠実に働く意味で勤勉の意が生じる。

三碧木性

易象　☳　震《しん》

五行　木性

季節　春

時間　午前五時から七時

方角　東

十干　甲乙

十二支　卯

色　青

天象　雷、地震、晴天

場所　森林、震源地、音や音楽に関する場所、放送局、講演会場

人　長男、青年、著名人

人体　肝臓、咽喉

全体象意　易象から震動させる、名を高く現す意。しかし実体は希薄とする。また隠れていたものが顕現する意とする。

四緑木性

易象　☴　巽《そん》
五行　木性
季節　晩春、初夏
時間　午前七時から十一時
方角　東南
十二支　辰、巳
色　青、緑
天象　風あり
場所　市場、取引所、結婚式場、港、船着場
人　長女、婦人、運送、船舶関係の人、貿易業者
人体　肝臓、呼吸器
全体象意　易象から活動、伸長、遠方の意をみる。風は万物を揺り動かし遠方まで行きわたるからである。また、巽は長女の意なので結婚の意が生じる。

五黄土性
易象　太極
五行　土性

季節　四季の土用

時間　なし

方角　中央

十干　戊・己

十二支　なし

色　黄色

天象　天災・天変地異のすべて

場所　墓地、不毛地、不浄地、焼跡

人　王、首相、悪人、犯罪者、死人

人体　腹部、身体全体。

全体象意　易象は中央で全体をあらわし、万物を支配する力を意味する。万物を生み出し、消滅させる力である。そのため中央集権的な強い力とともに破壊、腐敗、破滅等の面が生じる。

六白金性

易象　☰　乾《けん》

五行　金性

季節　晩秋、初冬
時間　午後七時から十一時
方角　西北
十二支　戌、亥
色　白
天象　晴天、寒冷
場所　首都、大都市、官庁、高台
人　支配者、公人、名望家、権力者
人体　頭、首、背骨
全体象意　易象は天、ここから高位の人、権力者、目上の意が生じる。また季節との関係から完了、成熟、老成、晩年運の意が生じる。

七赤金性
易象　☱　兌《だ》
五行　金性
季節　秋
時間　午後五時から七時

方角　西
十干　庚辛
十二支　酉
色　赤または白
天象　曇、星空
場所　沢、湿地、低地、遊技場、社交場、酒場
人　芸人、芸能者、講演者
人体　肺、口、舌、歯
全体象意　季節から収穫の意が生じ、物質運に恵まれるとされる。また易の兌は「口」を含むので、弁説の意をとり、その面での堪能な者をあらわす

八白土性

易象　☶　艮《ごん》
五行　土性
季節　晩冬、初春
時間　午前一時から五時
方角　東北

十二支　丑寅
色　白
天象　曇、変化
場所　山、墳墓、高台、旅館、石段、階段
人　年少者、幼児、蓄財の人
人体　鼻、手足、関節、身体全体
全体象意　土性だが二黒土性の大地の土に対し八白は山の土。山の象から不動、休止の意をもつ。また季節は陰陽の変化の時に位置するため、変革、革新の意味が生じる。

九紫火性

易象　☲　離《り》
五行　火性
季節　夏
時間　午前十一時から午後一時
方角　南
十干　丙・丁
十二支　午

色　赤・紫
天象　晴天、熱暑、旱天
場所　南方、火山、火事現場、美術館、繁華街
人　学者、著述家、易者、教育者、官公吏
人体　目、心臓
全体象意　定位が陽の極致であるため、最高を意味し、頭、天上等を象徴する。

こうした多彩な意味にいろどられた九星が巡ることにより、年月や方角にも強い意味が付与されるようになった。

九星で重視されているものの一つに方角の良し悪しがある。これは在宮する九星と方角の関係から割り出されるのであるが、特に凶方（悪方角）の出し方は重視された。次にこれをみてみよう。

凶方

九星上の凶方には個人にとって悪方角にあたるものと、万人にとって悪方角にあたるものの二種類がある。

万人にとっての凶方

■五黄殺

誰にとっても凶方にあたるものの一つは「五黄殺」である。その年の五黄の在宮した方角をいう。

図10A　五黄殺１

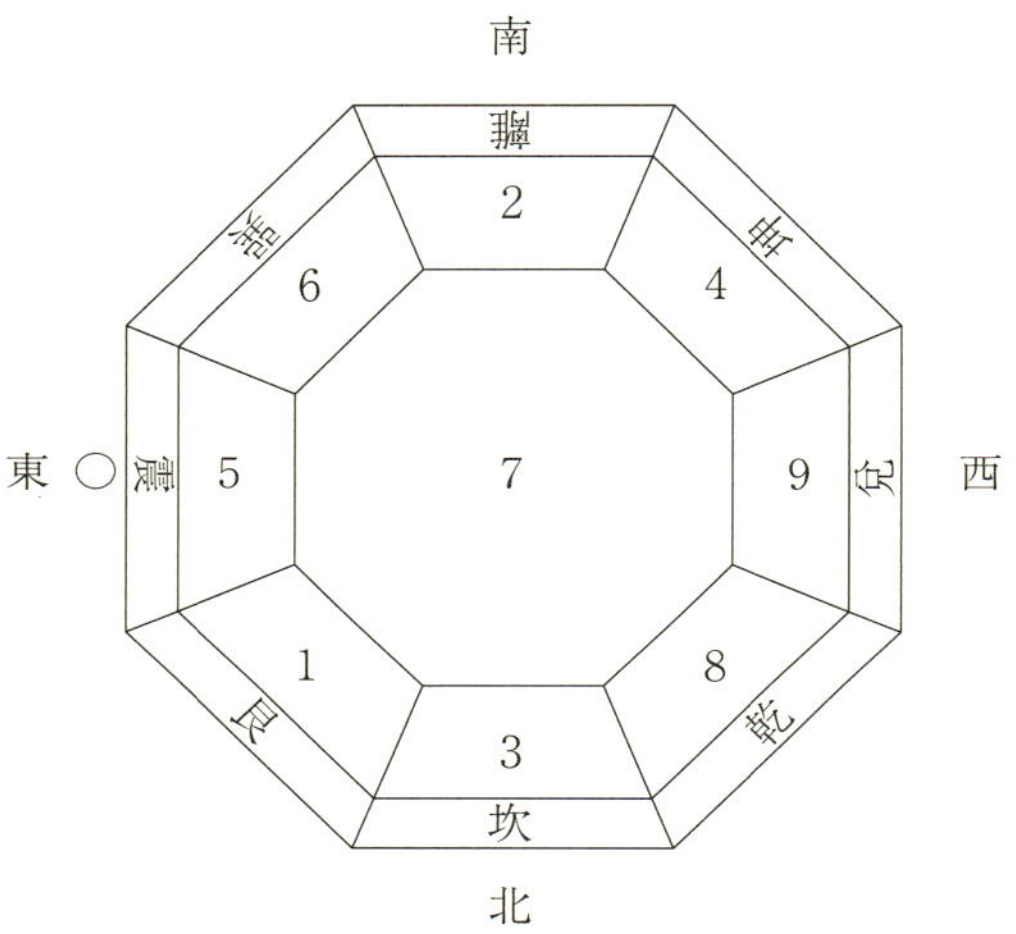

2020年年盤
○印　五黄殺

五黄殺１

二〇二〇年七赤中宮の年は五黄が震宮（東）に在宮している。したがって○印の震宮（東）方角が二〇二〇年の五黄殺になる。

図10B　五黄殺２

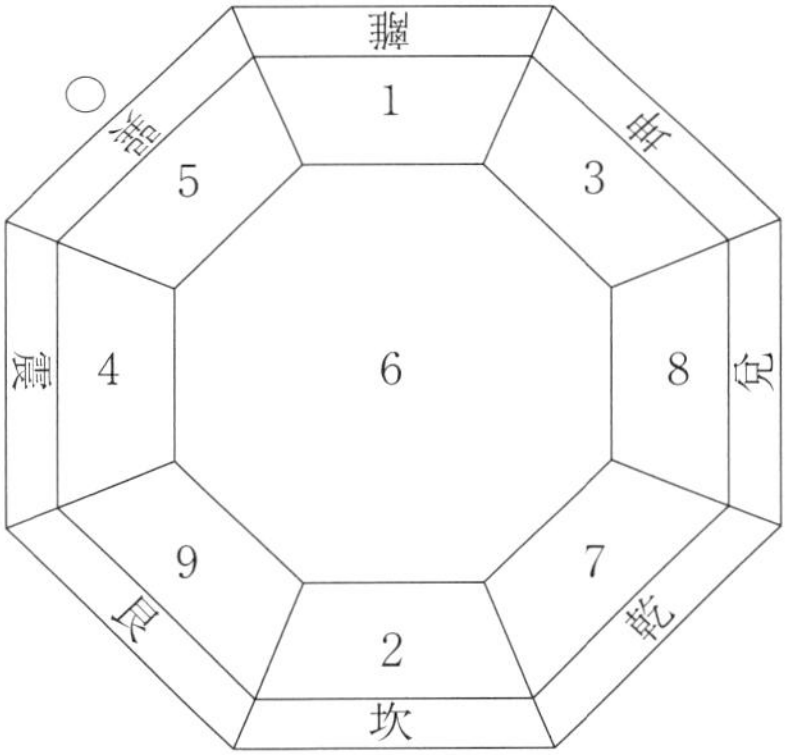

2021年年盤
○印　五黄殺

五黄殺２

二〇二一年六白中宮の年は五黄が巽宮（東南）に在宮している。したがって〇印の巽宮（東南）方角が二〇二一年の五黄殺になる。

五黄は九星中最強の星であるうえに破壊や腐敗等の意味がある。この方角に転居や建築等を通して触れると、方角を冒したことによる災である方災があらわれ、難病死病不振破滅などの災厄がふりかかるとされる。この方災の影響は個人だけでは終わらず、家族や一族にも及ぶといわれている。凶方のうち最も注意してつつしまなければいけないのが五黄殺である、とされている。

■暗剣殺

五黄殺の真向いの位置が暗剣殺である。

図11Ａ　暗剣殺１

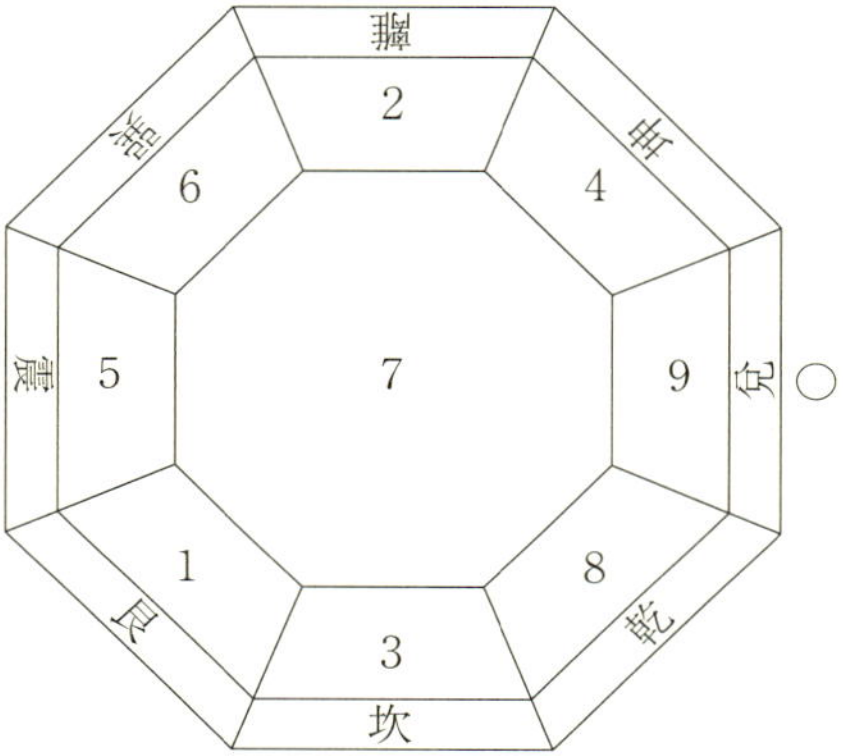

2020年年盤
○印　暗剣殺

暗剣殺１

二〇二〇年七赤中宮の年の五黄は震宮（東）に在宮している。このとき真向かいの兌宮（西）には九紫が在宮する。この○印の兌宮（西）の方角が二〇二〇年の暗剣殺になる。

図11B　暗剣殺２

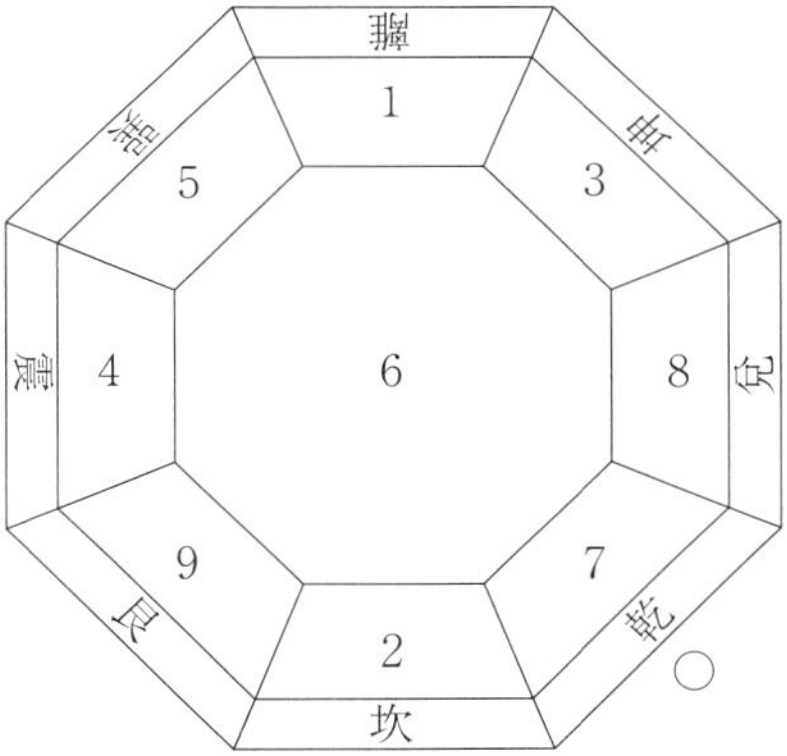

2021年年盤
○印　暗剣殺

暗剣殺２

二〇二一年六白中宮の年の五黄は巽宮（東南）に在宮している。この真向かいの乾宮（西北）には七赤が在宮する。この〇印の乾宮（北西）の方角が二〇二一年の暗剣殺になる。

こちらは災厄でも、思いがけない突発事故のような災がおこるといわれている。

また、五黄中宮の年は五黄殺も暗剣殺もない年である。

個々人にとっての凶方

■本命殺

個人にとっての凶方である「本命殺」は、自分の本命星が在宮する方角のことである。

例として本命星が二黒土性である人にとっての本命殺をみてみよう。二〇二〇年は七赤中宮の年であるから、本命星が二黒土性の人ならば本命星は離宮（南）の九紫定位の座に在宮している。

図12A　本命殺1

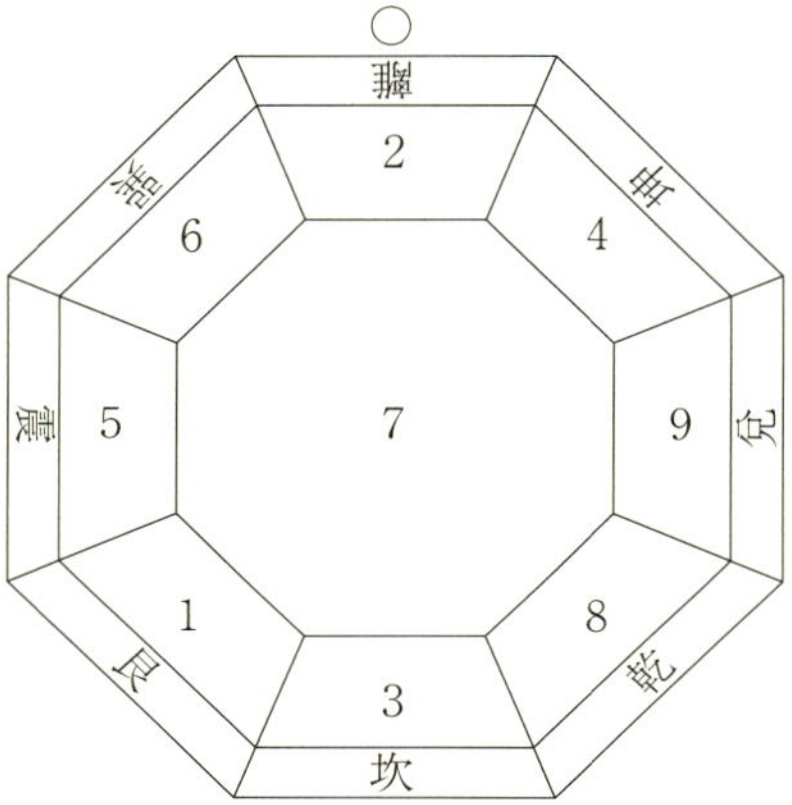

2020年年盤
○印　本命二黒の場合の本命殺

本命殺1

二〇二〇年七赤中宮の年の二黒の在宮しているのは離宮（南）。したがって○印離宮（南）が二〇二〇年の本命殺の方角となる。

図12B　本命殺2

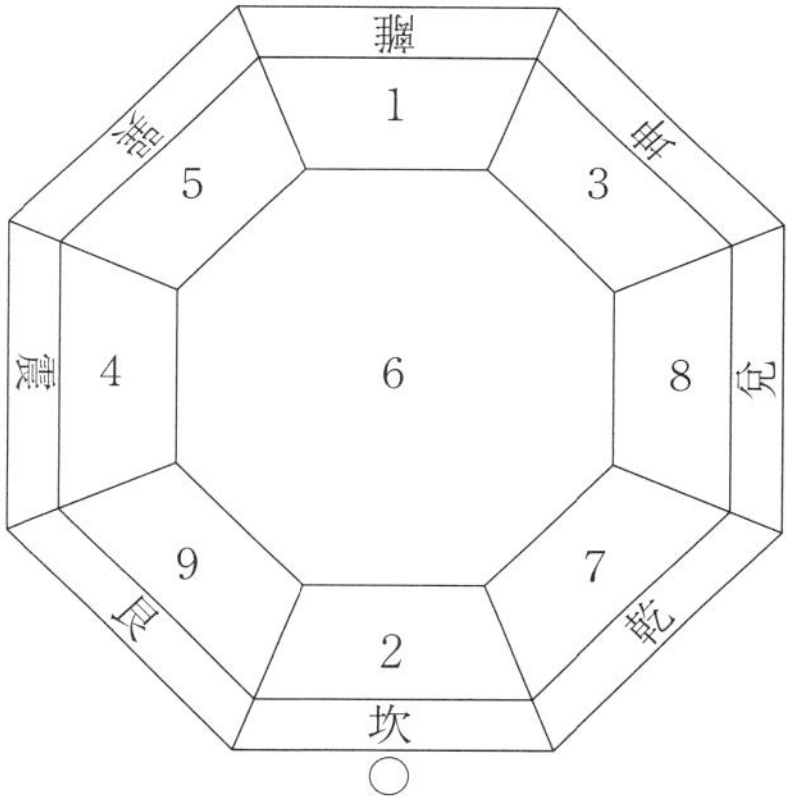

2021年年盤
○印　本命二黒の場合の本命殺

本命殺2

二〇二一年六白中宮の年の二黒の在宮しているのは坎宮（北）である。したがって二黒本命星の人にとっては○印坎宮（北）が二〇二一年の本命殺の方角となる。

本命殺を冒した場合とは、本命殺の方角へ転居したとかその方角を建て増したとか、移築したとか、その方角に住んでいる人と結婚した等をさす。このときには本命殺を冒した本人に「よろず不如意」という状態がおとずれるという。

■本命的殺

自分の本命殺の反対の方角が本命的殺である。つまり自分の本命星が在宮している真向いの方角のことをいう。本命星二黒と九紫の人の本命的殺をみてみよう。

図13Ａ　本命的殺１

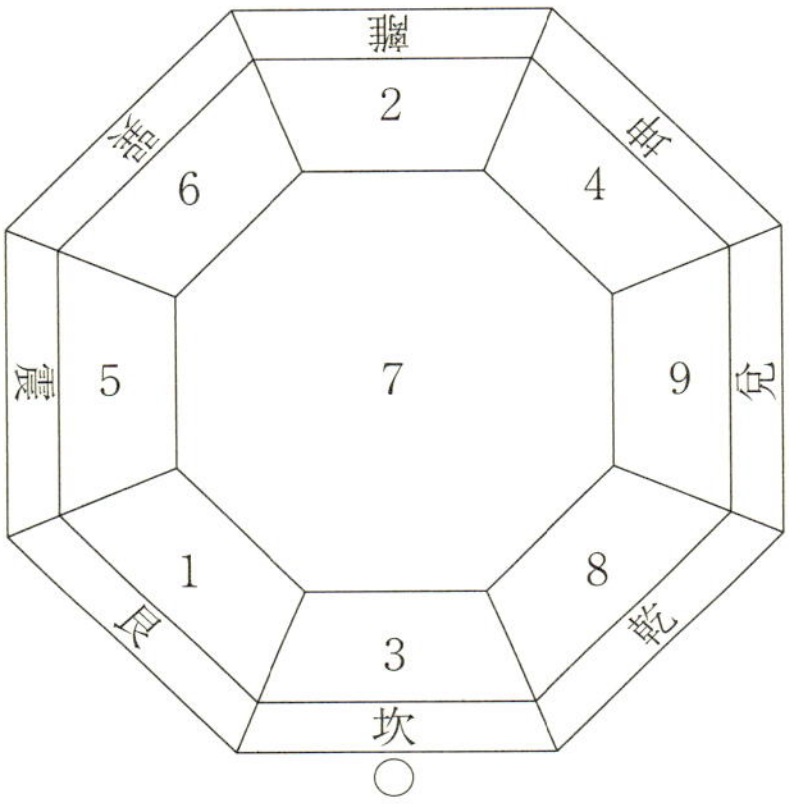

2020年年盤
○印　本命二黒の場合の本命的殺

本命的殺１

二〇二〇年七赤中宮の年に二黒の人の本命星は離宮（南）に在宮する。本命的殺はこの真向いに位置するので、三碧の在宮している坎宮（北）方角となる。

図13B　本命的殺2

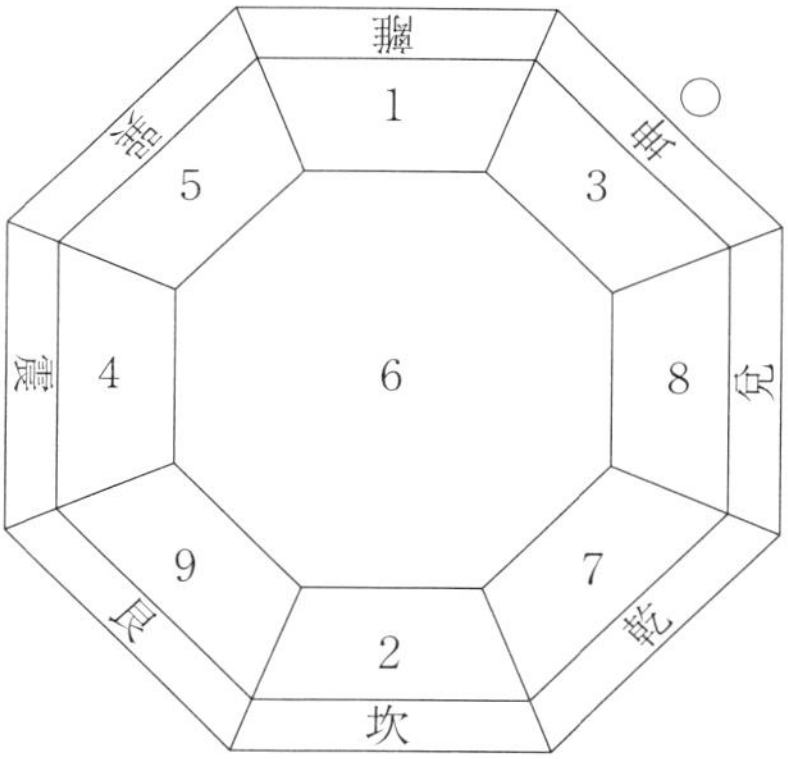

2021年年盤
○印　本命九紫の場合の本命的殺

本命的殺2

二〇二一年六白中宮の年に九紫の人の本命星は艮宮（東北）に在宮する。本命的殺はこの真向いに位置するので三碧の在宮している坤宮（西南）方角となる。

本命的殺を冒したときの方災は外部からやってくるもので、本人に被害をもたらすとされる。

なお九星術は日本では庶民の間にも広くむかえられた。

江戸の天保期には『九星図説日要精義大成』『方鑑秘伝集』（松浦琴鶴著）等をはじめ詳細な九星の解説書も出ており、明治まで版を重ねた。

参考文献

中村璋八・藤井友子『五行大義全釈』一九八六　明治書院

気学の成立

大正から昭和初期になると、占断のための新しい動きが生じる。伝統的な易や九星術や暦をベースにしながらも、これらの新たな組み合わせを考案したり、新たな原理をいくつか加えたりするという試みが活発化する。そのことは伝統的な占の再編成へとつながっていった。やがてこうした動きにより占の範囲は拡大され、個人の性格や運気や運命及び社会の動向を読みとる運勢・運命学が成立するのである。

この理由には昭和初期の社会不安、経済不安があった。特に戦争への不安は運命や運勢診断への要請とつながっていった。

こうした運命の鑑定にまで及んだ拡大した占は「気学」と呼ばれた。

気学の特徴の一つは「経験則」が方法と理論の中に入り込んでいることである。大正昭和の占者たちは、自分の占の経験から信頼性と妥当性を勘案しつつそれらを方法化し、占の原理に加えていった。陰陽道系の九星術では決まった運行法則どおりに動く星の巡行が重視され、その解釈には個人の経験知の介在する余地はほとんどなかった（ただし、江戸後期にはこうした認識がゆるみ始め、種々の工夫が提案され出すという現象もみられた）。易も易自体が完成された絶対的価値を持つものとされていたため、そこに新しく加わる論理も方法も認められなかった。この点からみると伝統的な占と気学は異なる。気学は作られた新しい占である。

なお、気学に対する学問的・歴史的評価はまだ定まっていない。しかし今日最も広く行われている占なので、一章を設けた。

気学には述べたとおりいくつかの新しい工夫がみられるのだが、その中でも気学の方法として一般化されているものを取り上げていく。

干支を中核にした占法

本来自然の運行推移を示していた十干と十二支は、伝統的占でも用いられていた。気学では干支を取り出してさらに強調し、その関係から運命に関する理論を生み出していった。

陰陽や五行の思想から生じた相生相剋比和は重要概念であり、九星術にも取り入れられたが、気学ではこれを拡大し十二支からも相生相剋を割り出す、といった方法が用いられた。

気学における相生相剋

■相生

・三合の理法

三合とは三つの十二支が集合することを指す。これによって力が増幅増大する法則をいう。

たとえば十二支を並べ、一番目から五番目、さらにそこから五番目の十二支を求める。子・

丑・寅・卯・辰・巳・午・未・申・酉・戌・亥の十二支の一番目は「子」、五番目は「辰」、さらに五番目は「申」である。この子、辰、申が集まると相性が良いため調和して力がさらに力を呼び、好結果をもたらすとする。三合には四類ある。

（　）内は呼び名である

申――子――辰（子の三合水局）
巳――酉――丑（酉の三合金局）
寅――午――戌（午の三合火局）
亥――卯――未（卯の三合木局）

この三合の理法は相性や方角を判断するのに使われている。例えば子年には辰や申の方角が吉方であるとみるのである。寅年には午、戌の方角が吉方、亥年の吉方は卯、未の方角である。また、三合の理法にかなった生年の人が集まると親和関係になる、とする。たとえば申、子、辰年生まれの人が集まると、結束して生産的関係が築ける、とみる。

■相剋

・冲

図14のように十二支を北の子から順に時計まわりに円状に並べた場合、十二支の一つ一つには

それぞれ反対の位置に立つ十二支があるが、この両者の関係は「冲」と呼ばれる。冲にある場合は「対冲する」ともいう。対冲は凶をあらわす。相剋の最大の関係である。たとえば亥年生まれの人と巳年生まれの人は亥と巳が対冲するので相剋の関係となる。卯年生まれの人と酉年生まれの人も卯と酉が対冲するので同様である。冲の関係は相性の悪さを示すのである。

図14　対冲の関係

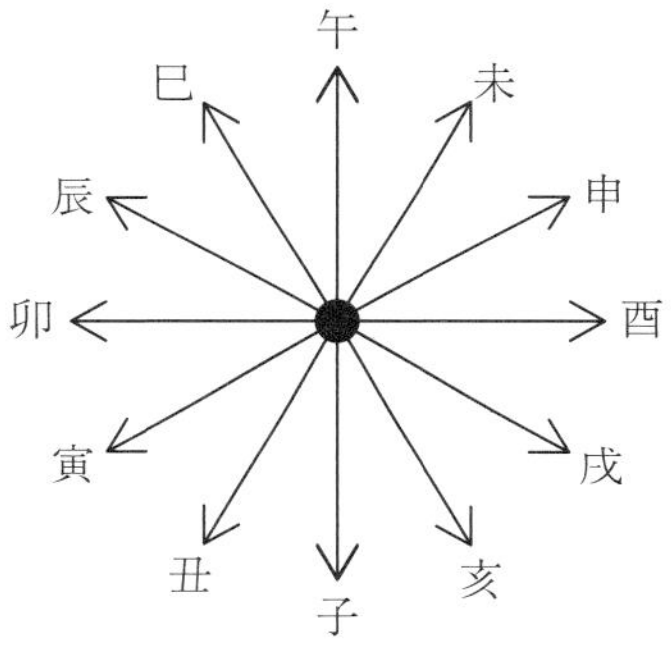

図15　破の関係

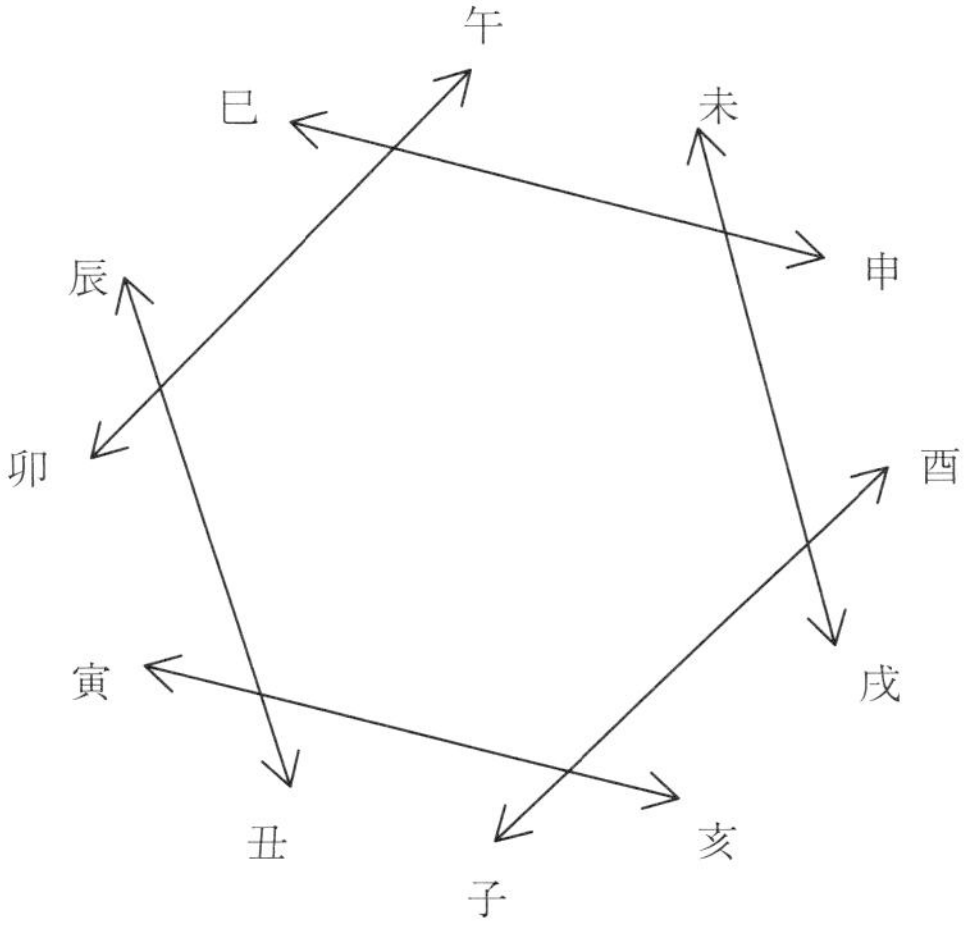

年の十二支と自分の生まれ年の十二支が対冲するときも凶である。たとえば子と午は対冲するから子年のときは午年生まれの人にとって凶年になる。申と寅は対冲するので申の年は寅年生まれの人には凶年である。同様に卯年は酉年生まれの人には凶年となる。凶年は運気の弱まる年であることを示す。

・破

十二支を図15のように並べ、四、十番目に当たる十二支を破といい、互いに剋し合う関係と見る。気学ではこうして十二支を用いながら、それらの間に関係性を読み、種々の吉凶を判断していくのである。破の関係は相性の悪さを示す。

気学の凶方

気学はさらに十二支から気学特有の凶方を生み出していった。

九星術には凶方として本命殺、本命的殺、五黄殺、暗剣殺があった。五黄、本命星の在宮している宮の方角は凶方、さらにそこに真向いに位置する宮の方角も凶方、というのが九星の凶方の原理であった。

気学はこれらに加えて、十二支の相剋関係である対冲を、盤上の方角に適用して凶方とした。これが歳破と月破である。

■歳破

その年の十二支の位置の真反対、対冲する方角のことをいう。歳破は万事にわたって破壊的作用を及ぼすとされ、冒してはならない方位として重視される。特にこの方角への転居・移転は大凶とされる。

図16A　歳破１

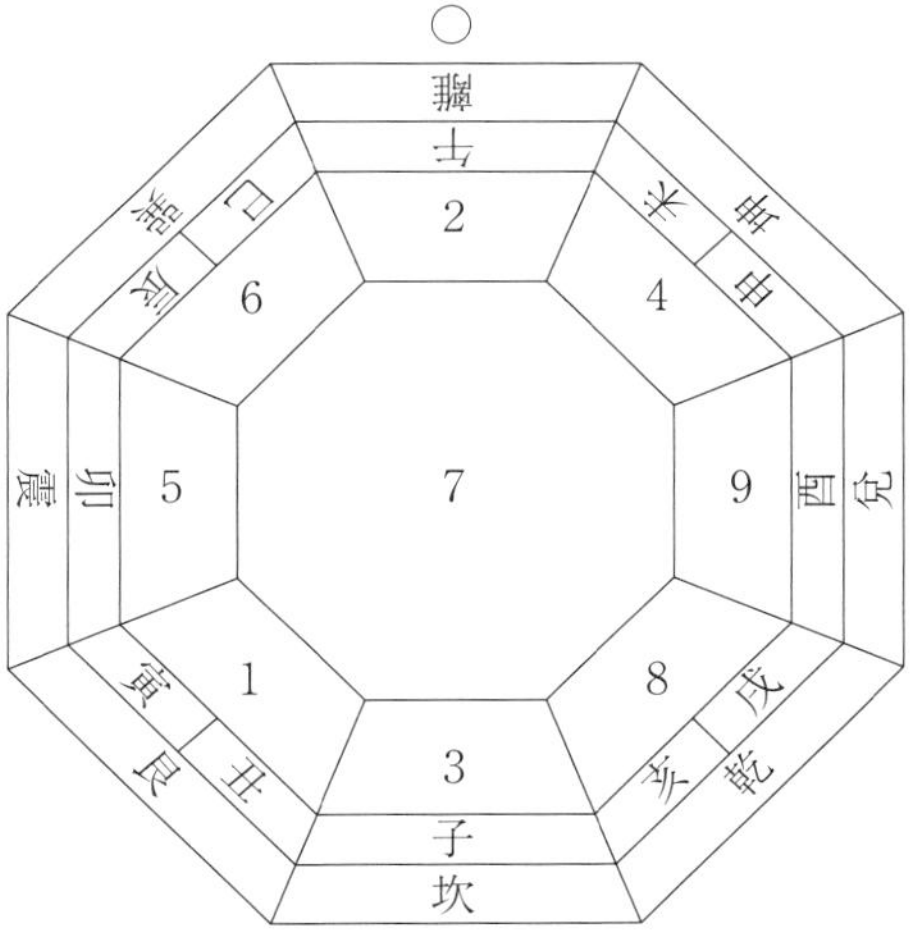

2020年年盤
○印　歳破

歳破１

二〇二〇年の歳破を出してみよう。年の十二支は子（年盤表参照）。子の定位盤での定位置は坎宮（北）である。これに対冲（真向いに位置）するのは離宮（南）。本年は二黒が運行在座している。この宮に歳破がつく。

図16B 歳破2

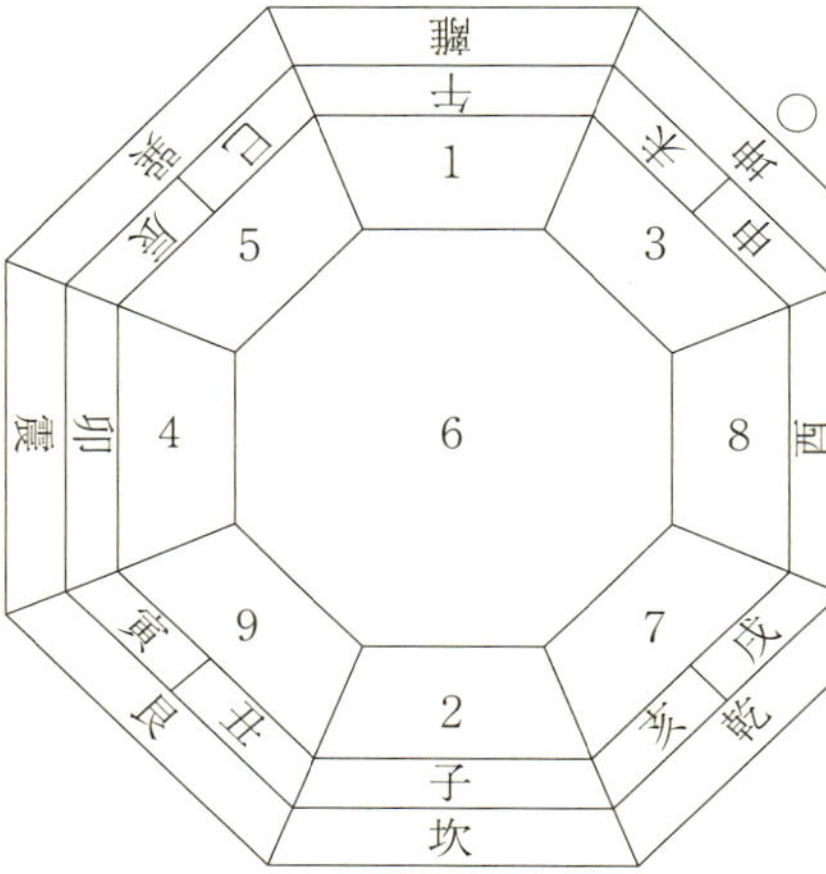

2021年年盤
○印　歳破

歳破2

二〇二一年の歳破を出してみよう。年の十二支は丑（年盤表参照）。丑の定位盤での定位置は艮宮（東北）である。これに対冲（真向いに位置）するのは坤宮（南西）。本年は三碧が運行在座している。この宮に歳破がつく。

■月破

その月の十二支の反対、対冲する方角のことをいう。歳破と同じで避けるべき殺方である。

図17Ａ　月破１

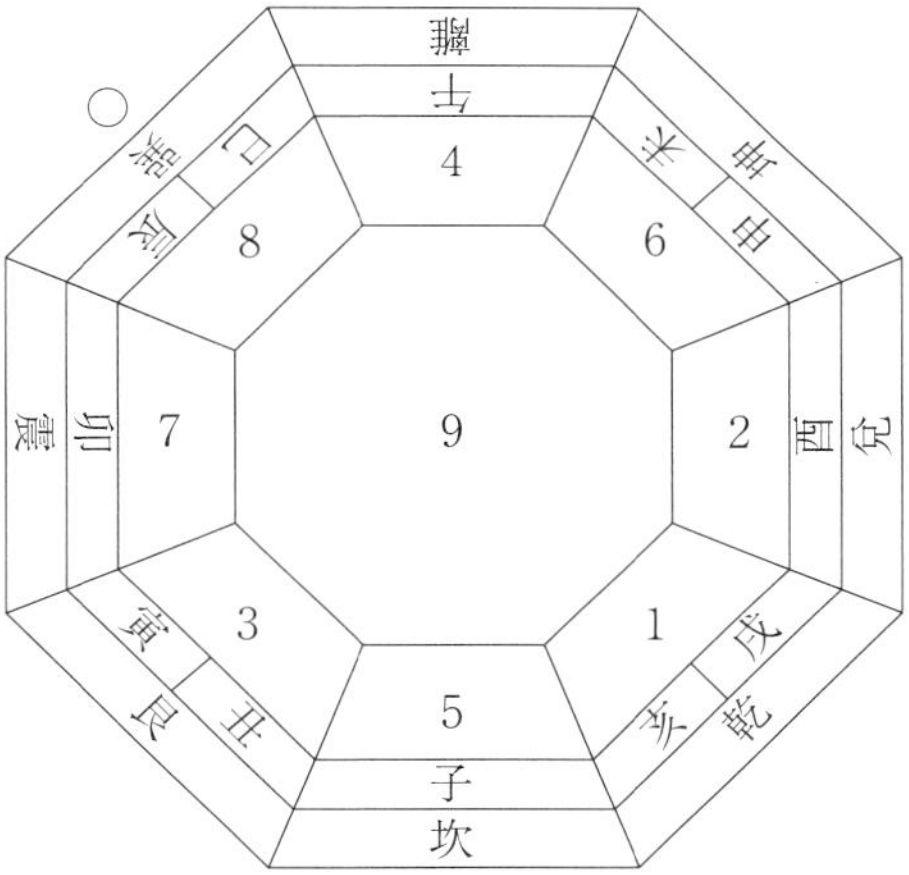

2020年10月月盤
○印　月破

月破１

二〇二〇年の十二支は子（年盤表参照）。十月の月破を知りたい時には後の子年十月の月盤表を見る。月盤表は十二支により三種類に分かれているので注意を要する。あくまでもその年の十二支の月盤表を見なければならない。また月の初日は節入りの日（暦参照）である。子年十月の十二支は戌（子年の月盤表参照）。戌の定位置は乾宮（西北）である。これに対冲（真向いに位置）するのは巽宮（東南）である。本月は八白が運行在座している。この巽宮に月破がつく。

図17B　月破2

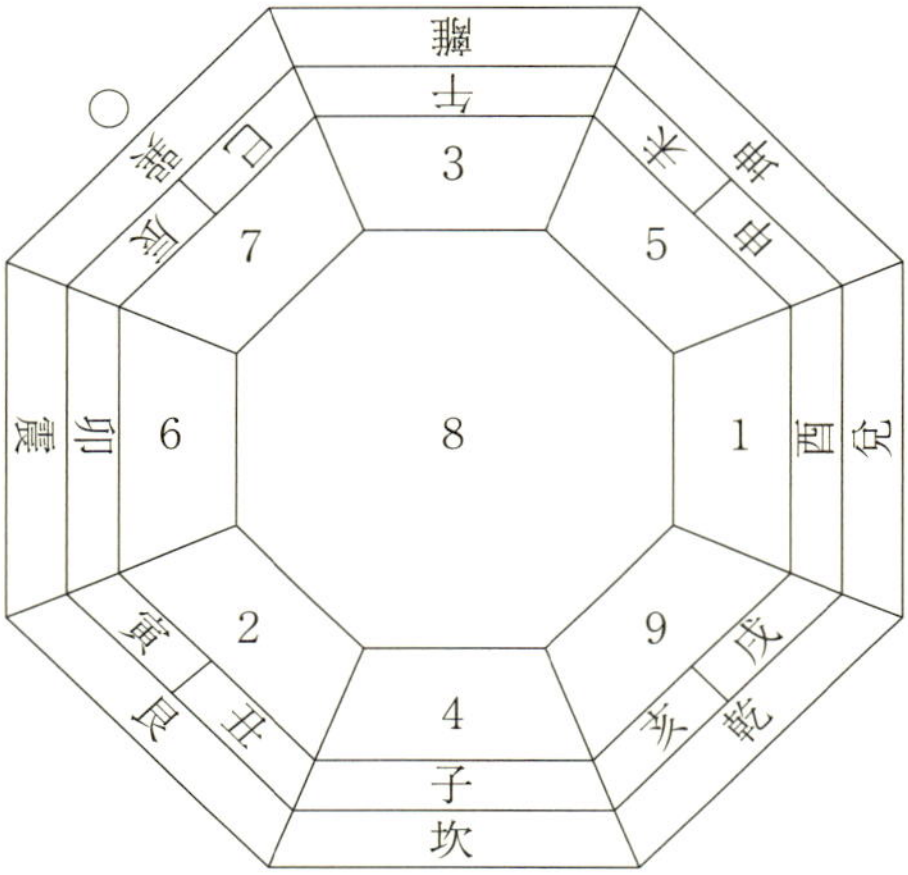

2020年11月月盤
〇印　月破

月破2

二〇二〇年十一月の月破を出してみよう。年の十二支は子（年盤表参照）。子年十一月の十二支は亥（子年の月盤表参照）。亥の定位置は乾宮（西北）である。これに対冲（真向いに位置）するのは巽宮（東南）である。本月は七赤が運行在座している。この巽宮に月破がつく。

図17C　月破３

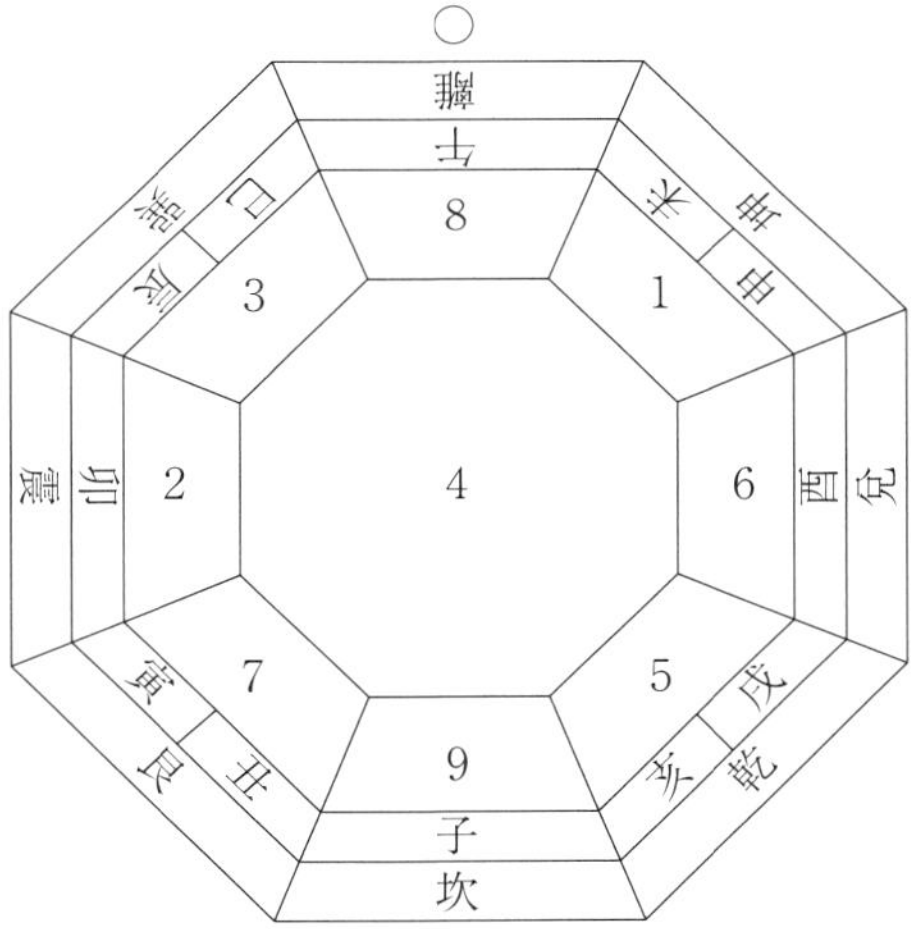

2021年12月月盤
○印　月破

月破３

二〇二一年十二月の月破を出してみよう。年の十二支は丑（年盤表参照）。丑年十二月の十二支は子（丑年の月盤表参照）。子の定位置は坎宮（北）である。これに対冲（真向いに位置）するのは離宮（南）である。本月は八白が運行在座している。この離宮に月破がつく。

気学の凶方は、さらにこれ以外にも各占者、各流派の経験によって拡大していった。

定位対冲、小児殺等の凶方を認める流派もある。定位対冲は干支を使うわけではないが参考に記しておく。定位盤の九星が、その定位置の真反対に運行在座した方角のことである。小児殺とは子供（何歳までを子供とするかについては流派による異なった見解がある）に適用される凶方のことである。

十干の性格と運命

気学では十干と十二支を吉凶の判断の核の一つに据えていることをみてきた。この根底には、干支に対する気学上の意味づけがあった。陰陽道や九星では、陰陽と五行を中心に万象が解釈されており、干支は重視はされたものの陰陽五行の中に位置付けられていた。気学では干支の方に重点を置き、これをとり出し十干、十二支にはそれぞれ性格とともに運命の類型パターンがある、とみる。その上でこれを人の生に当てはめたのである。

この解釈は五行や陰陽からのものを超えてしまっている。しかし気学らしさを現している部分でもある。ここで十干十二支が持つとされる性格と運命とをみておきたい（十干の順は九星参照）。

なお、自分の生年の干支が何にあたるのかは後の年盤表で確認出来る。

甲（きのえ）

甲殻の意味があるので、内向的性格。しかし落ち着きがあり、統率力が見られる。若年は自ら運を損なうことが多いが、中年以降は好転する。苦労するほど晩年は安泰。仁慈の性だが頭領の器でもある。

乙（きのと）

外柔内剛の人。大勢で人と交わることを好むが、慢心から運気を落とす傾向がある。中年の基盤の確立次第で、晩年の安泰を得る。

丙（ひのえ）

容姿美しく活発明朗、情熱的で、ひとたび機会を得れば活発な行動となる。しかし熱しやすく冷めやすいので気まぐれとなり忍耐力に欠ける。中年期から好調でこの時期に上手に運気に乗れば晩年は安泰を得る。

丁（ひのと）

神経質だが、よく人に順応する。また理性に富み人を指導する力がある。しかし移り気で積極性に欠ける。若年から目上の人に引き立てられるが、努力して中年期までに基盤を作れば晩年は安泰を得る。

戊（つちのえ）

一生を通じて強運、財に恵まれる。しかし人間関係に難儀する。人材や時と所を得れば才覚をあらわして出世する。

己（つちのと）

知と謀が内面に秘められている。胸中は外に現さないので陰湿な人か愚鈍な人かと見違えられることあり。時宜を得れば成功するが、取捨選択に迷えば、困難な人生を生きる人となる。

庚（かのえ）

じっとしていられないほど活動的な人。金銭運にも恵まれて生涯生活に困らない。しかし財は身に付かず、誤解されて運を損なうことが多い。晩年は安泰を得る。

辛（かのと）

沈着冷静で地味な人。理想高く礼節を重んずる傾向がある。失敗のない堅実な人。晩年は安泰である。

壬（みずのえ）

円満で才知あり、生涯豊かな人間関係を保つ。若年は苦労が多いが、中年以降の運気は良好で晩年も安泰である。

癸（みずのと）

博識だが独りよがりになりやすく、他者と調和を欠く。人との協調を得れば出世する。孤高を好むが人間関係に問題があるので、晩年孤立無援にならぬように注意が必要である。

十二支の性格と運命

子（ね）
柔和で正直だが内心に怒気を持っている。利に聡く、時に吝嗇といわれる。

丑（うし）
忍耐強く不屈の性格。辛抱強さと頑固さを持つ。陰気で強情、腹立ちやすい。一人我が道を行くので人と協調するのは難しい。

寅（とら）
才知豊かで積極的な気性の人。成功を収める人が多いが、負けず嫌いから争いをひきおこし、自ら幸運を逃すことも多い。競争心を抑えれば晩年は安泰である。

卯（う）
温和柔順、交際も巧みなので信頼を得る。しかし気まぐれが欠点で運を損なうことあり。軽率な行動をつつしめば晩年は安泰である。

辰（たつ）
気位高く勝気。運命的には波風が多く、成功と失敗を繰り返す。競争心があり強い信念も持っているが、しばしば自信過剰で失敗する。謙虚を心がければ成功する。

巳（み）

午（うま）

困難や苦労に耐えて成功する。しかし時に不決断に過ぎて機会を失う。万事人にまかせきれない性分である。

未（ひつじ）

世話好き。陽気で万事にくよくよしない性格。運気はなかなか安定しない。

苦労性。潔癖で小心。積極性に欠ける。過度の心配性をやめて陽気に行動すれば幸運を得る。

申（さる）

積極性と英知に富む。才能に恵まれ、また親切心もあるので世に出ることができる。才に溺れず謙虚であれば幸運が続く。

酉（とり）

器用で、生きるための現実的能力を持つ。移り気から運を損ねることがあるが、虚栄心を捨てて地道に生きれば幸運が得られる。

戌（いぬ）

高潔で凝り性。自分を貫きすぎるために人間関係がうまく行かず、孤立無援になりやすい。寛容な心を養うことが大切である。

亥（い）

忍耐力とともに強い決断力を持つ。率直な人がらだが、人づきあいは悪い。視野を広げ客観的に人の心を見ることを心がけるべき。

納音《なっちん》

中国では人の生年の干支には五行の音律が伴っているとし、干支の属する音にその音律を調える意味を加えて納音《のういん》と言った。

十干と十二支が結びついた六十干支を五行と組み合わせたものが「納音（なっちん）」である。これを人の生年に当てて運命判断に用いた。もとは年月日の吉凶に用いられており、具注暦（暦参照）に記載されていたが、気学では運命診断、特にもともとの天分がどのように社会化されるのかの判断に使われる。

納音は六十干支六十年を三十種によって分類しているので、二年間続けて同じものが用いられる。

なお、自分の納音を出すには、後の年盤表で生年の干支を確認し、それに該当する納音を求めればよい。（　）内が各納音に該当する干支である。たとえば一九九九年生まれの人の干支は己卯である。したがって該当する納音は城頭土となる。二〇一〇年生まれの人の干支は庚寅である。

その納音は松柏木である。

ちなみに自由律俳句の山頭火《さんとうか》、彼の師の井泉水《せいせんすい》の俳号は、この納音にかかわるものである。井泉水の生年は一八八四（甲申）年なので納音は俳号と同じになる。ただし山頭火は一八八二（壬午）年が生年なので、彼の納音は俳号の山頭火とは異なる楊柳木である。

六十干支と納音は次のようになる。

三十納音の意味

海中金（甲子・乙丑）

価値あるものが閉ざされている意（忍耐と苦労の結果、価値が現れる）。

爐中火（丙寅・丁卯）

爐の中で火が燃える意（所を得て成功する）。

大林木（戊辰・己巳）

大きな林に木が伸展する意（成功がもたらされる）。

路傍土（庚午・辛未）

大道を側面から補助する土の意（今は役立たずだが、やがて有用の大器を蔵する）。

剣鋒金（壬申・癸酉）

剣の先の鋭利な金属の意（殺伐の気があるので自戒せよ）。

山頭火（甲戌・乙亥）

山上の火の意（高い理想と志があるが、現実的力が不足しているために実質が伴わない）。

澗下水（丙子・丁丑）

谷の水の意（潔癖で狭量な人）。

城頭土（戊寅・己卯）

街の高台の土の意（富貴で理想高く、高位となる器）。

白鑞《ろう》金（庚辰・辛巳）

柔軟な金属錫が白鑞金（平穏・温厚で柔軟な人）。

楊柳木（壬午・癸未）

柳の木の意（伸びる力が弱い）。

井泉水（甲申・乙酉）

地下から湧く井泉の意（尽きぬ豊かさと清さ）。

屋上土（丙戌・丁亥）

屋根の上の土の意（積極性に欠ける）。

霹靂火（戊子・己丑）

火花が飛ぶ雷鳴の意（名声と比べると実力が高くないので背伸びをひかえること）。

松柏木（庚寅・辛卯）

長生の松と柏の木の意（勢いがあり、風格もそなえている）。

長流水（壬辰・癸巳）

長江の流れの意（寛大、鷹揚さ）。

沙中金（甲午・乙未）

砂に混じった金の意（見出されれば世の役に立つが、うもれる可能性もあり）。

山下火（丙申・丁酉）

山裾で燃え、広がることのない火の意（運気が強くない）。

平地木（戊戌・己亥）。

平地に立つ木の意（孤立がち）。

壁上土（庚子・辛丑）

壁に用いられる土の意（生産に結びつかない）。

金箔金（壬寅・癸卯）

薄く延ばした少ない金の意（見た目はよいが本質的な力に欠ける）。

覆燈火（甲辰・乙巳）

覆われた火の意（才能が隠されていて、埋もれがちである）。

天河水（丙午・丁未）

天然の豊かな河の意（徳高く、人に慕われる大器）。

大駅土（戊申・己酉）

街道の要所の意（人が集まり幸運にも恵まれる）。

釵釧金《さいせん》（庚戌・辛亥）

装飾品として用いられる金属の意（温順で才能に恵まれる）。

桑柘木《そうじゃ》（壬子・癸丑）

冬の桑の木の意（時を得て大きく伸長する）。

大渓水《けい》（甲寅・乙卯）

渓谷の小流もやがて大海に達する意（やがて頭角をあらわす）。

砂中土（丙辰・丁巳）

ものの役に立たない土の意（素質はあるが実力が認められにくい）。

天上火（戊午・己未）

天上に輝く火、太陽の意（人の上に立つ）。

柘榴木《じゃくりゅう》（庚申・辛酉）

柘榴の木の意（内側に充実があり、蓄えがある）。

大海水（壬戌・癸亥）

全てを呑み込む包容力のある大海の意（大志がある）。

干支以外を中核とした占法

気学が種々の技法を使って析出したかったのは「運」というものの原理であったが、この「運」には既に記したように運命といったある種の決定的なものから年々月々の運勢といった変動するものが含まれている。

ここで、運命と性格についての占いをみてみよう。

運命と性格を占う

個人の運命や性格をみる時には、九星術では生年の本命星を中心に用いた。気学では本命星だけでなく生月の星である月命星（月命とも言う）と傾斜法の三つの情報を加えて判断する。九星術同様、気学でも最も重視されるのは本命星の動きであるが、月命は本命に次ぐ。さらに、傾斜法はそれらを補佐する働きを持つ、といわれる。つまり個人の運命は、本命に月命を加えた上に傾斜を出してそれをも加えて読みとっていく。これは気学らしい方法であり、原理を複数積み上げていくことで、情報をより緻密化させていくのである。

本命星を出すには後の年盤表を見ればよい。自分の生年に中宮している星が本命星である。ただし、生まれた月日が立春（二月四日）以前の時は前年を本命星とする。月命星の出し方は概に記した（月破の項）が、ここであらためてまとめて説明しよう。

月命星は後の月盤表から出していく。しかし月盤には三パターンがあり、各十二支によって1子卯午酉のもの、2丑辰未戌年のもの、3寅巳申亥年のものと別れるので注意を要する。

同じ十月でも子年十月は九紫、丑年十月は六白、寅年では三碧と年により異なっている。したがって正しくその年の十二支にあたる年の月盤を見なければならない。また、月の初日は一日ではなく暦の節（暦参照）である。節入りから次の月の節入り前日までが、その月の星となる。

傾斜宮は次の手順で出していく。本命と月命がわかっているとその作業は、たやすく行える。

■傾斜法

・傾斜宮の出し方

(1)　本命星を出す
(2)　月命星を出す
(3)　生年の月盤上で、本命星の位置を求める。本命星の在座場所が傾斜宮となる。傾斜宮は八卦

図18　1980年庚申年年盤

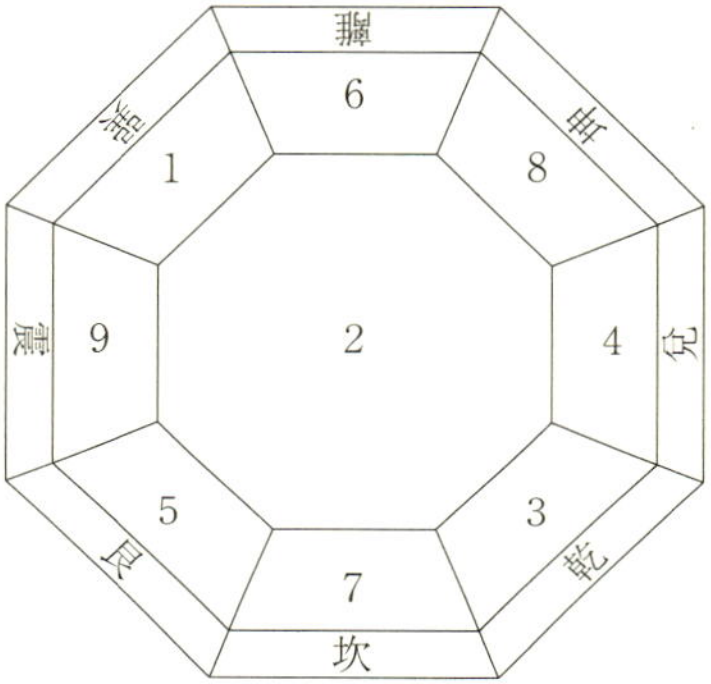

方位による。本命星が北にいれば北を示す坎宮傾斜であり、南は離宮、東は震宮、西は兌宮、東南は巽宮、西南は坤宮、北西は乾宮、東北は艮宮傾斜となる。

たとえば一九八〇年五月十日生まれの人の傾斜を出してみよう（図18）。一九八〇年を年盤表でみると、庚申、二黒中宮の年である。したがって一九八〇年生まれの人の本命星は二黒である。月命星を得るために申年の月盤表を見ると、五月は八白中宮の月である（図19）。よって月命は八白となる。この月盤上での本命星二黒の位置は艮宮（○印）である。したがって傾斜は艮宮となる。

では次に同年同月の四日生まれの人の傾斜をみてみよう（図20）。五月四日は四日が五月節入り前なので、前月四月が月命星となる。中宮しているのは九紫である。この月盤上で二黒は西の兌宮（○印）にいる。よって兌宮傾斜である。

傾斜宮は本命、月命星とともに生涯変化しない宿命をあらわすものとされる。

図19　申年５月月盤
（５月節５、６から６月６、７日まで）

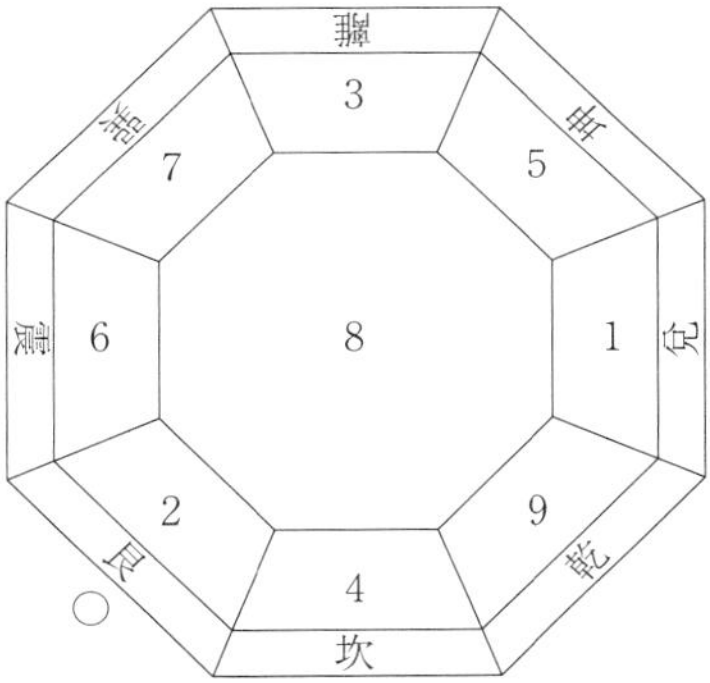

○印　艮宮傾斜

図20　申年４月月盤
（４月節、５、６日から５月５、６日まで）

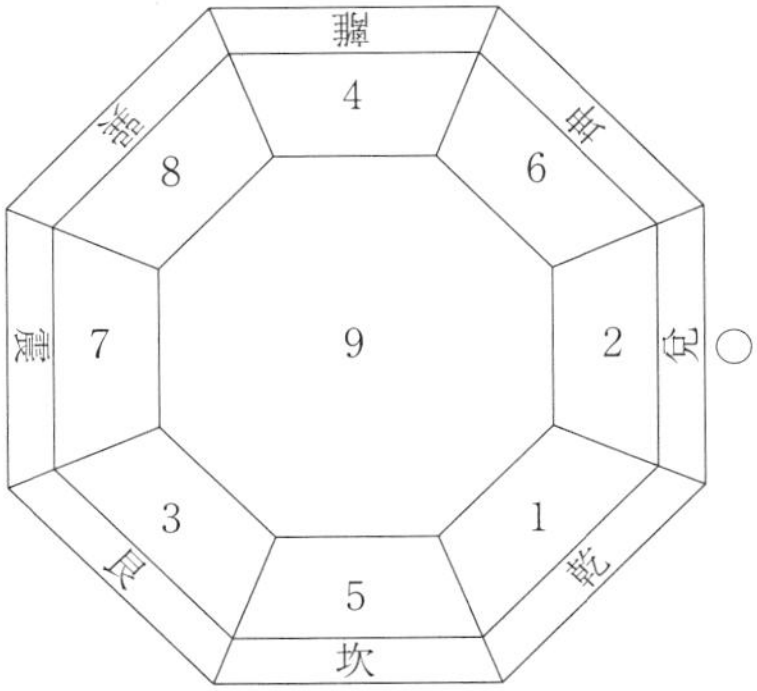

○印　兌宮傾斜

この傾斜法で一白の年の一白の月、九紫の年の九紫の月生れというように本命星と月命星が同じ場合は、年月ともに中宮に在座することになる。この時には特殊傾斜として特別な取り扱いをする。それらを次に示しておく。

特殊傾斜

本命星	月命星	傾斜宮
一白	一白	離宮
二黒	二黒	乾宮
三碧	三碧	巽宮
四緑	四緑	震宮
五黄	五黄	流派によって差異あり。一般には男性―坤宮、女性―乾宮
六白	六白	坤宮
七赤	七赤	艮宮
八白	八白	兌宮
九紫	九紫	坎宮

・傾斜宮の判断

傾斜が出たら次に判断を行なう。その基本は年と月の八卦と九星の象意を組み合わせていくところにある。以下傾斜宮の持つ特徴を記す。

坎宮傾斜

坎宮は一白水性の定位であるところから、一白水性の象意に似た性格を有する。表立たず陰の目立たぬことで成功する意がある。また水が流れに従って自在に形を変えるように、人と和する力があり交際上手である。心中に苦労は多いがそれを外に出すことはない。

坤宮傾斜

二黒土性の象意に似た性格を有する。派手なことは好まず地味な性格である。真面目に働くことで信用を得る。人を補佐する立場にいると持てる能力を発揮出来るのでよい。

震宮傾斜

三碧木性の象意に似た性格を有する。積極的活動的であり、自分が主になって何事にも取り組んでいく。しかし名声は得ても物質的には恵まれない。

巽宮傾斜

四緑木性の象意に似た性格を有する。温和で交際が広く人から愛される。よく活動し働くが、自分のためにではなく他者のために活躍する。また物事のまとめ役には能力を発揮する。それらの結果、社会的信用を得る。

乾宮傾斜

六白金性の象意に似た性格を有する。六白は天の象を持つため、多くの人の上位に立つ資質を持つ。頭脳明晰、活動力に富む上に公正であり、社会に貢献する仕事に興味を示す。しかし大きな苦労も伴う。

兌宮傾斜

七赤金性の象意に似た性格を有する。派手であり金銭、遊楽、社交を好み、また兌が口《くち》を含むところから弁説、美食を好む性格をもつ。

艮宮傾斜

八白土性の象意に似た性格を有する。八白は山、止る、変化する意味を持つ。家庭的であり、また高尚である。象が変化の意を持つところから運命的には浮き沈みがある。

離宮傾斜

九紫火性の象意に似た性格を有する。九紫は名誉、明晰、情熱の意味を持つ。物質よりも名声を好み、先見の明もあるが、その情熱は持続性を持たない。

運勢を占う

変動する運勢を占うのに最も用いられる方法は、同会法という。同会法は気学の中でも実用性の高いものとされる。

■同会法

同会法で得られるのは、その年の年運や情況、その月の月運や情況、日の運、時刻の運などについての情報である。

同会とは重ね合わせる意である。年運を占うときにはすべての基本である「定位盤」とその年の九星の配置が記されている年盤とを重ね合わせて情報を読み取っていく。

月運の占の場合は今度はその年の年盤とその月の月盤を重ね合わせていく。以下日も刻も同様で、一つ上位の盤の上に見たいものの盤を重ねていく。

・年運を占う

図21　定位盤

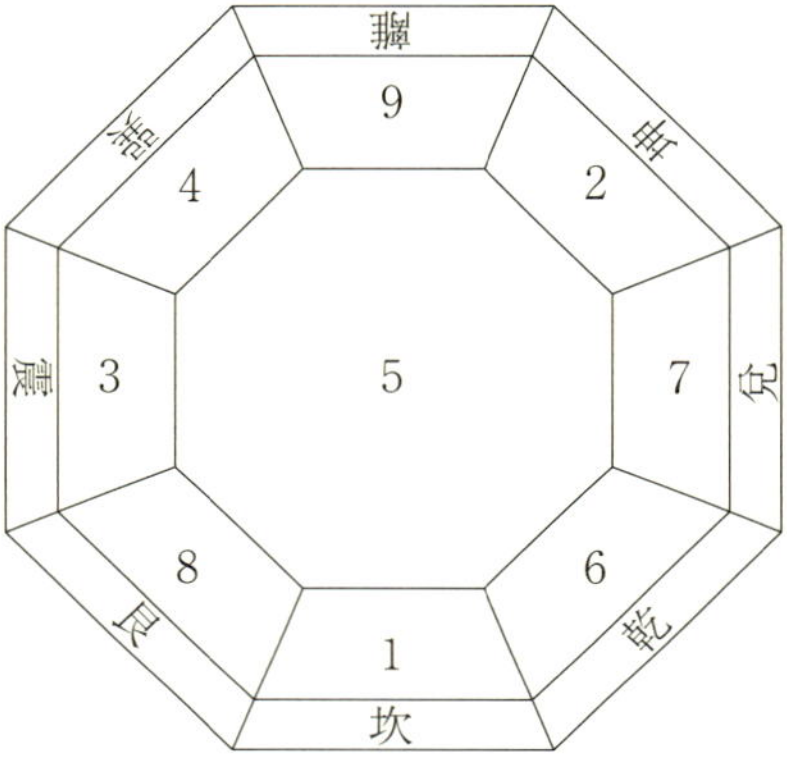

図22　2020年年盤

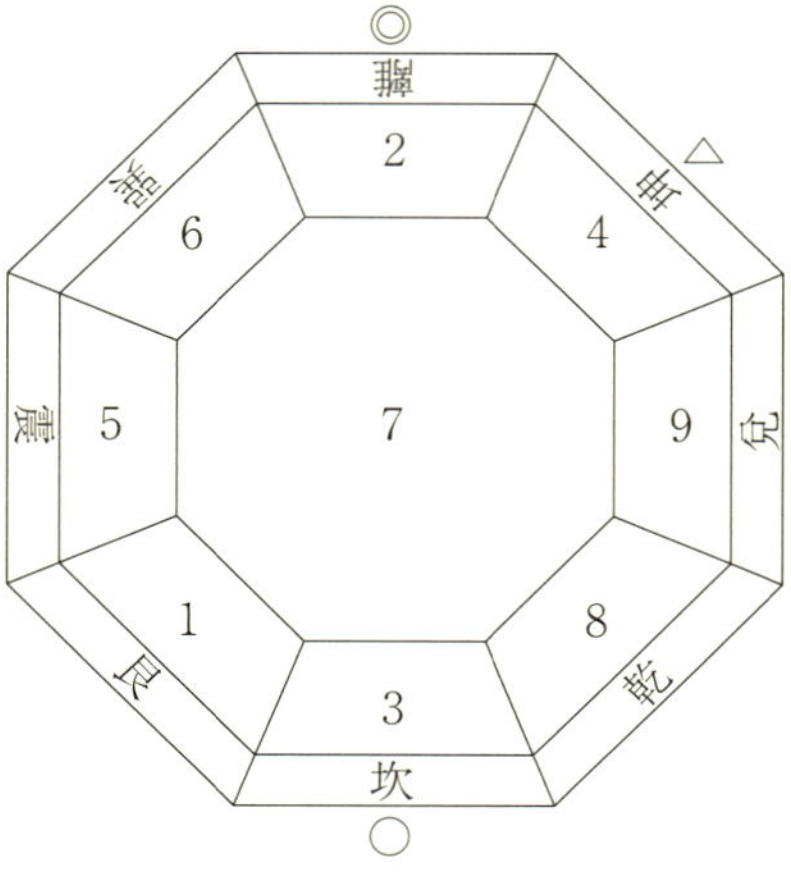

まずある個人にとっての年の運を占ってみよう。二〇二〇年を例にあげてみていく。出したいのが年の運だから、まず基本の定位盤を示そう。（図21）五黄中心に定位置を九星が占める（それぞれの位置には五行と易の八卦の意味が充満している）。次にその年の年盤が必要になる。（図22）二〇二〇年は庚子の年で七赤が中宮している（年盤表参照）。

年盤のデータが得られたらば、占う対象者の本命星がその年の年盤のどこに運行位置しているか（九星術では在宮といったが、気学では運行、回座といわれることが多い）を調べる。本命星が二黒の人であれば、その年の二黒は定位盤の九紫の定位置である離宮（南）に運行しているので、この状態を「九紫同会」という（◎印）。三碧本命の人ならば、三碧は定位盤の一白の定位置である坎宮（北）に運行しているから一白同会（○印）、同様に四緑の人ならば二黒同会（△印）となる。その年の年盤上の本命星の位置を定位盤上の九星の定位置に重ね、重なった九星の定位置が○○同会の○○となるのである。

こうして同会が得られたならば、運勢は同会した星の働きに影響を受けるとみて、同会した星の持つ特質が対象者の今年の運勢だと占っていくのである（同会判断参照）。

・月運を占う

月の運を占うには月盤が必要である。（月盤の見方は月破の項・傾斜法の項参照）。

二〇二〇年十月の月運を占うとして、二〇二〇年十月の年盤、月盤をみると、年が七赤中宮なのに対して、月は九紫が中宮している（月盤表参照）。年が子年なので、子年にあたる月盤表をみるとこの情報が得られる。

図23　2020年10月月盤

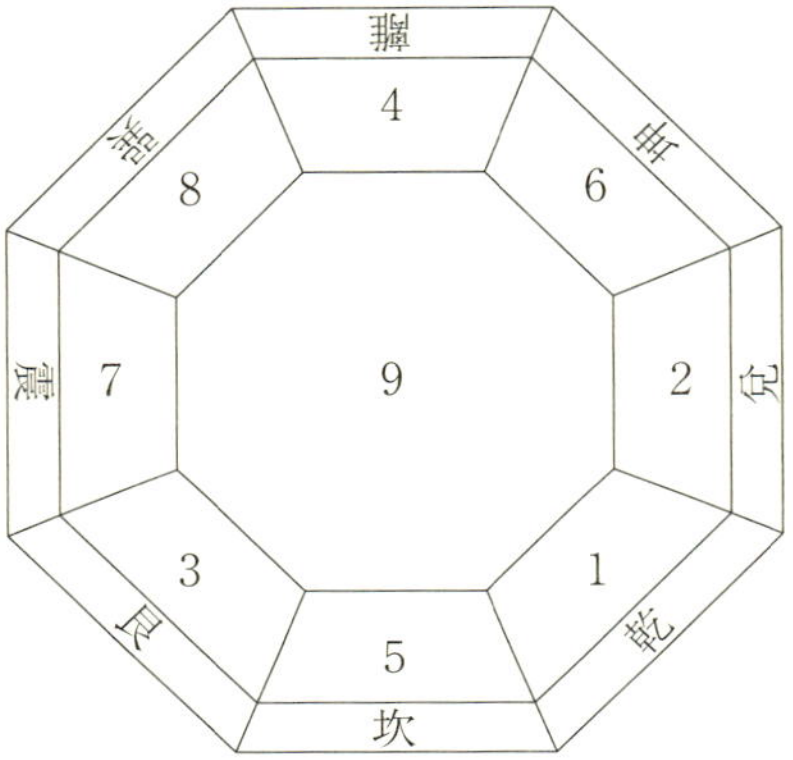

例えば八白が本命星の人の十月の運を知るには、まず九紫中宮の月盤での八白がどこに運行しているかを見る。八白は巽宮（東南）に運行している。次にこれを年盤（図22）に重ねる。月盤と同じ位置の巽宮（東南）をみると、年盤の巽宮には六白がいる。したがってこの現象を六白同会（の月）という。月の同会は月が同じ位置にいる年盤上の星と同会している意味である。同会が得られたら次に同会している位置（定位盤の巽宮）の持つ意味を重ねていく。ここから割り出す八白本命星の人の月の運は、六白星の作用に巽宮座の象意（巽宮は四緑象意）を加えて占っていく。年の運の割り出しより一つ手数が増え、年盤の上で月盤との同会を求めた後、もともとの（定位置の宮の）象意が加わってより複雑化している。しかしこれが気学らしさなのである。

同会法の見方が理解できたら、判断を行う。同会法の判断は次のとおりである。

■同会判断

・個人を占う

一白同会

本命星が坎宮（北方）に運行したときまたは一白と同会したとき

衰極の年月。多事多難で悩みごとがおこる。病難、盗難、水難もおこりやすい。冷え、過労は慢性化しやすいので注意が必要。

異性関係はこじれることがあるので慎重さが求められる。

一方将来の計画、人生上の見取り図を描くのにはよい年。むやみに動かずに、この先の準備につとめるとよい。

二黒同会

本命星が坤宮（西南）へ運行したときまたは二黒と同会したとき

少しずつ気が向上する。地道な努力を誠実に続ける年月。ひかえ目に何事に対してもあたり、下積みに徹するのがよい。

今後に向けての基礎作りになるので、功をあせらず、倦まず弛《たゆ》まず努力すること。

坤宮二黒土性は大地を意味するので不動産にはよい。

労働問題がおきやすい。

古い問題がむし返されたり、古い知人と再会する。

判断力が鈍ったり、物忘れしやすい。

苦労が多いが、効果は表に現れにくい。この年には自分一人で大決断をしないほうがよい。

三碧同会

本命星が震宮（東方）へ運行したときまたは三碧と同会したとき活発な気になる。震宮には顕現する、という意があるので、今まで隠れていたものが現れ出る。地道な努力が積んであるとよい結果の顕現をみるが、逆の場合には悪事の露見などが出現する。

気が充満するので、外出がちになる。新しいものが目に付く。

人におだてられる。神経が高ぶる。驚くことがある。

四緑同会

本命星が巽宮（東南）へ運行したときまたは四緑と同会したとき好調の気となる。

万象がととのう。縁談（結婚話）おこる。人の出入りがさかんになる。

気迷いがおこる。
遠方に用事が出来る。
仕事、経済は好調となる。

五黄同会

本命星が中宮へ運行したときまたは五黄と同会したとき
表面は順調に見えるが内実は困難を抱える。動かずにいるとよい。
古い問題が起こる。古い病気が再発する。古い知人に迷惑をかけられる。
大きな欲望を抱きやすい。

六白同会

本命星が乾宮（西北）へ運行したときまたは六白と同会したとき
盛気となる。才能があらわれ易くなる。
多忙になる。はりきりたくなる。やりすぎとなる。勝負ごとがしたくなる。
争いがおこりやすくなる。自信過剰になりやすいので自重するのがよい。
目上に関したことがおこる。

過労となる。交通事故、高所からの落下に注意。

七赤同会

本命星が兌宮（西）へ運行したときまたは七赤と同会したとき気は衰退に入る。金運はよい。交際も拡大する。結婚の機会が来る。口舌の患いがおこる。暴飲暴食に注意。

八白同会

本命星が艮宮（北東）に運行したときまたは八白と同会したとき変化変動が起こる。努力を積み重ねてきた人には良い変化、安楽に生きてきた人には悪い変化があらわれる。家屋、山林に関する問題がおこる。相続や親族間の争いがおこる。職場移動、転業など環境を変えたくなる。貯蓄心が起こる。精神的な変化がおこる。

九紫同会

本命星が離宮（南）へ運行したときまたは九紫と同会したとき
　気は衰に向かう。すべてが表面化する。集合離散がある。生別・死別がある。争いごとがおこる。名誉に関することがおこる。文書上の間違いがおこりやすい。

・社会の動きや災害を占う

最後に社会の動きを同会からみてみよう。

社会情勢や天災等は、その年に中宮した星から判断していく。中宮座の星は最も強い影響を周囲に及ぼし全体を支配する。

定位盤の中央には五黄が位置する。五黄はプラスの意味も強いが一方壊滅、破壊、破滅、腐敗をも意味する星である。この中央の座に八白が位置し中宮したときは五黄と同会する。そのときには八白に五黄の意味が重なるのである。八白は変革、革命の星であるが、ここに五黄の持つ破壊の意味が加わるので、破壊的な大変革が起こるとされる。五黄の座に五黄が中宮する定位置の年も、破壊的出来事や一つの社会体制が崩壊するほどの天災、大災害、あるいは戦争が起こりうる年として気学占上重視される。中宮の五黄同会以外のものとしては、南の離宮九紫同会に大火事、東の震宮三碧同会に地震、北の坎宮一白同会に水害等の災害の可能性をみていく。それぞれは火、震、水の座であり、ここに運行して年が同会すれば、その年は各座の影響を受けるからである。

九星の方位（方角）現象

方位方角はすべて象意をもっているため、運勢と密接に結びついているとして、各星の方位現象は重視され、細かに検討される。

方位に関わる災は方災といわれる。逆は方徳である。

この方徳は恵方としての方角を用いたときに出現し、方災は凶方に当たる方角を冒したときに必ずあらわれるとされる。したがって恵方は移転、転居、建築などを行って積極的に用いればよいし、凶方は逆に触れないようにするのが方徳を得、方災を防ぐ方法となる（気学の凶方の項参照）。

以下それを記していく。

北および一白方位の現象

方徳　新しい仕事が始まる。交際が拡大する。

方災　借金が増大する。男女関係の災、友人関係の災がおこる。新しい仕事が失敗する。

西南および二黒方位の現象

方徳　老婦人の助けを得る。土地不動産で利を得る。働き好きになる。

方災　不動産を失う。老婦人に関する災がおこる。仕事を怠けるようになる。

東および三碧方位の現象

方徳　人気が高まる。積極的になる。元気になる。話術に巧みになる。若者の援助を得る。

方災　若者に関して災をうける。詐欺の被害にあう。口舌の失敗がある。

東南および四緑方位の現象

方徳　信用が増す。遠方と良いかかわりができる。交際が拡大する。人に好かれる。結婚できる。

方災　信用を失う。遠方に関して災がおこる。

中央および五黄方位の現象

方災　原因不明の病に陥る。心的な問題を抱える。貧困になる。

西北および六白方位の現象

方徳　独立精神高まる。目上に認められる。新しい仕事が生じる。実行力がつく。

方災　新しい仕事で失敗する。ケガ・事故にあう。争いごとを好むようになる。

西および七赤方位の現象

方徳　女性に関することで幸運に出会う。金銭に恵まれる。食の楽しみに出会える。
方災　金銭の損失がおこる。女性に関して災に遭う。口舌の災がおこる。

東北および八白方位の現象

方徳　山林・家屋に関して利が生じる。貯蓄心がおこり財産が増大する。人から援助を受ける。行きづまりが打開される。
方災　財を失う。新旧の交代が災となる。

南および九紫方位の現象

方徳　名誉を得る。知識・アイデアが広がる。決断力が増大する。
方災　生別死別あり。一家離散する。名誉を失う。

以上みてきたように、気学は近現代に増幅された占である。陰陽道、易、九星、暦に基づいているとはいえ、それは変形され新たに再編成されたものなのだ。したがって、純粋に伝統的な物ではなく、「作られた新しい伝統」なのだ、ということを忘れてはならない。

参考文献

中村璋八・藤井友子『五行大義全釈』一九八六　明治書院
吉野裕子『十二支』一九九四　人文書院

年盤表

年盤は九星術や気学の占に用いられる。盤上の数字は一から九まであり、位置は年毎に規則的に変化して九年で一巡する。

この数字は九つの星を意味し、年盤はある年の九星の位置を示したものである。年盤の中央にある数字は、その年を支配する星である。九つの星はそれぞれ五行と結び、

一白水性、二黒土性、三碧木性、四緑木性、五黄土性、六白金性、七赤金性、八白土性、九紫火性

となる。

ある個人の生まれた年の年盤の中央に位置する星は、個人の運命を掌るとされる本命星である。

年盤表

西暦 1909 己酉

明治42年

西暦 1906 丙午

明治39年

西暦 1910 庚戌

明治43年

西暦 1907 丁未

明治40年

西暦 1911 辛亥

明治44年

西暦 1908 戊申

明治41年

年盤表

<table>
<tr><td>西暦 1915</td><td>乙卯</td><td>西暦 1912</td><td>壬子</td></tr>
<tr><td>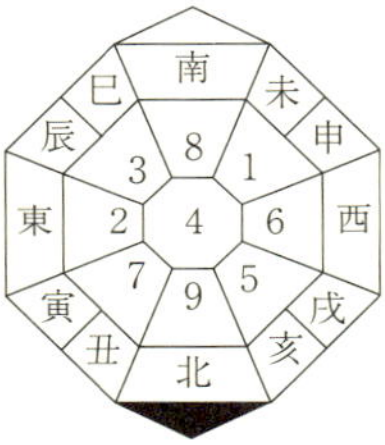
</td><td>大正4年</td><td>
</td><td>大正元年</td></tr>
<tr><td>西暦 1916</td><td>丙辰</td><td>西暦 1913</td><td>癸丑</td></tr>
<tr><td>
</td><td>大正5年</td><td>
</td><td>大正2年</td></tr>
<tr><td>西暦 1917</td><td>丁巳</td><td>西暦 1914</td><td>甲寅</td></tr>
<tr><td>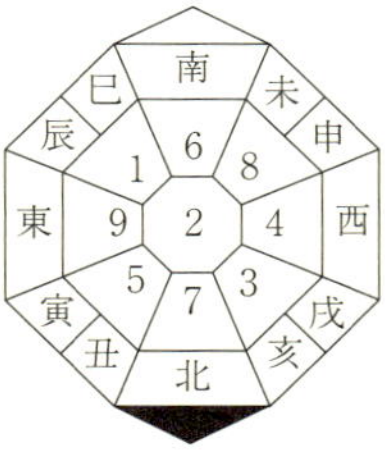
</td><td>大正6年</td><td>
</td><td>大正3年</td></tr>
</table>

年盤表

<table>
<tr><td>西暦 1921</td><td>辛酉</td><td>西暦 1918</td><td>戊午</td></tr>
<tr><td></td><td>大正10年</td><td></td><td>大正7年</td></tr>
<tr><td>西暦 1922</td><td>壬戌</td><td>西暦 1919</td><td>己未</td></tr>
<tr><td></td><td>大正11年</td><td></td><td>大正8年</td></tr>
<tr><td>西暦 1923</td><td>癸亥</td><td>西暦 1920</td><td>庚申</td></tr>
<tr><td></td><td>大正12年</td><td></td><td>大正9年</td></tr>
</table>

年盤表

西暦 1927	丁卯	西暦 1924	甲子
	昭和2年	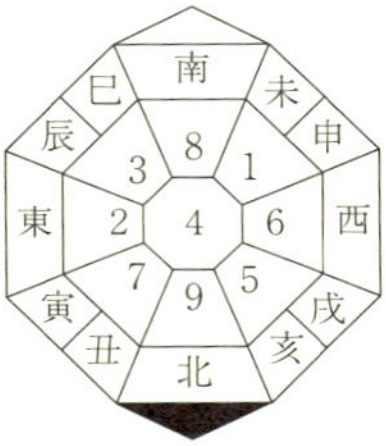	大正13年
西暦 1928	戊辰	西暦 1925	乙丑
	昭和3年		大正14年
西暦 1929	己巳	西暦 1926	丙寅
	昭和4年		昭和元年

年盤表

西暦 1933	癸酉	西暦 1930	庚午
	昭和8年		昭和5年
西暦 1934	甲戌	西暦 1931	辛未
	昭和9年		昭和6年
西暦 1935	乙亥	西暦 1932	壬申
	昭和10年		昭和7年

年盤表

西暦 1939	己卯	西暦 1936	丙子
	昭和14年		昭和11年
西暦 1940	庚辰	西暦 1937	丁丑
	昭和15年		昭和12年
西暦 1941	辛巳	西暦 1938	戊寅
	昭和16年		昭和13年

年盤表

<table>
<tr><td>西暦 1945</td><td>乙酉</td><td>西暦 1942</td><td>壬午</td></tr>
<tr><td></td><td>昭和20年</td><td></td><td>昭和17年</td></tr>
<tr><td>西暦 1946</td><td>丙戌</td><td>西暦 1943</td><td>癸未</td></tr>
<tr><td></td><td>昭和21年</td><td></td><td>昭和18年</td></tr>
<tr><td>西暦 1947</td><td>丁亥</td><td>西暦 1944</td><td>甲申</td></tr>
<tr><td></td><td>昭和22年</td><td></td><td>昭和19年</td></tr>
</table>

年盤表

西暦 1951	辛卯	西暦 1948	戊子
	昭和26年		昭和23年
西暦 1952	壬辰	西暦 1949	己丑
	昭和27年		昭和24年
西暦 1953	癸巳	西暦 1950	庚寅
	昭和28年		昭和25年

年盤表

<table>
<tr><td>西暦 1957</td><td>丁酉</td><td>西暦 1954</td><td>甲午</td></tr>
<tr><td></td><td>昭和32年</td><td></td><td>昭和29年</td></tr>
<tr><td>西暦 1958</td><td>戊戌</td><td>西暦 1955</td><td>乙未</td></tr>
<tr><td></td><td>昭和33年</td><td></td><td>昭和30年</td></tr>
<tr><td>西暦 1959</td><td>己亥</td><td>西暦 1956</td><td>丙申</td></tr>
<tr><td></td><td>昭和34年</td><td></td><td>昭和31年</td></tr>
</table>

年盤表

西暦 1963	癸卯	西暦 1960	庚子
	昭和38年	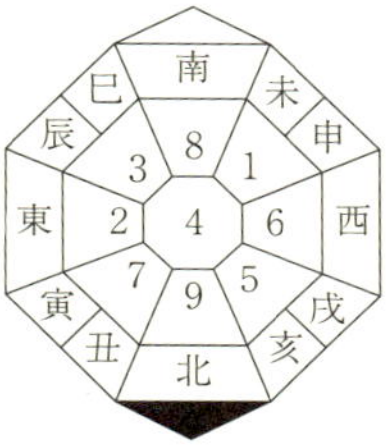	昭和35年
西暦 1964	甲辰	西暦 1961	辛丑
	昭和39年		昭和36年
西暦 1965	乙巳	西暦 1962	壬寅
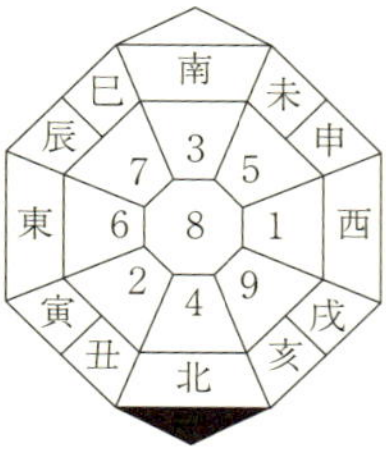	昭和40年		昭和37年

年盤表

西暦 1969	己酉	西暦 1966	丙午
	昭和44年		昭和41年
西暦 1970	庚戌	西暦 1967	丁未
	昭和45年		昭和42年
西暦 1971	辛亥	西暦 1968	戊申
	昭和46年		昭和43年

年盤表

西暦 1975	乙卯	西暦 1972	壬子
	昭和50年	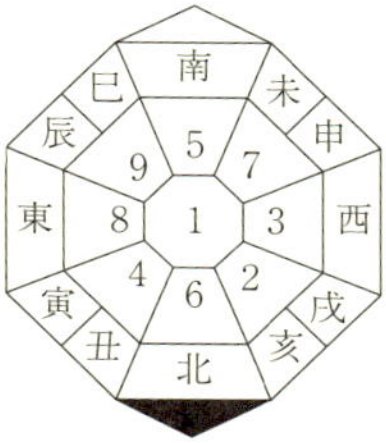	昭和47年
西暦 1976	丙辰	西暦 1973	癸丑
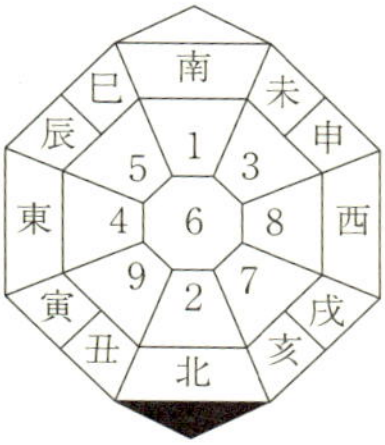	昭和51年		昭和48年
西暦 1977	丁巳	西暦 1974	甲寅
	昭和52年	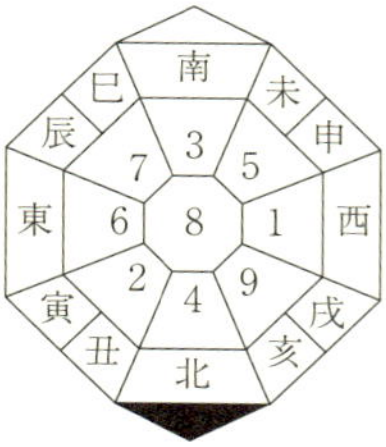	昭和49年

年盤表

<table>
<tr><td>西暦 1981</td><td>辛酉</td><td>西暦 1978</td><td>戊午</td></tr>
<tr><td>
</td><td>昭和56年</td><td>
</td><td>昭和53年</td></tr>
<tr><td>西暦 1982</td><td>壬戌</td><td>西暦 1979</td><td>己未</td></tr>
<tr><td>
</td><td>昭和57年</td><td>
</td><td>昭和54年</td></tr>
<tr><td>西暦 1983</td><td>癸亥</td><td>西暦 1980</td><td>庚申</td></tr>
<tr><td>
</td><td>昭和58年</td><td>
</td><td>昭和55年</td></tr>
</table>

年盤表

西暦 1987	丁卯	西暦 1984	甲子
	昭和62年	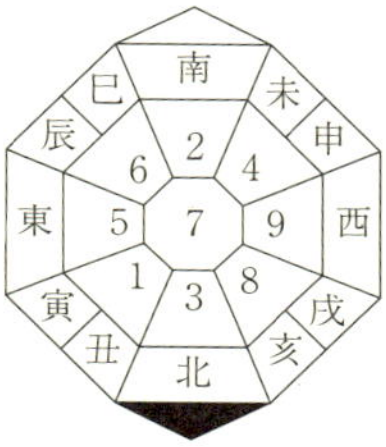	昭和59年
西暦 1988	戊辰	西暦 1985	乙丑
	昭和63年	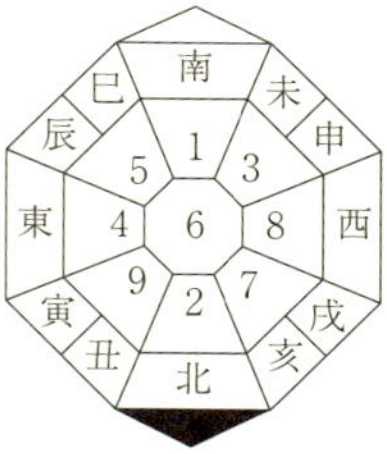	昭和60年
西暦 1989	己巳	西暦 1986	丙寅
	平成元年		昭和61年

年盤表

西暦 1993	癸酉	西暦 1990	庚午
	平成5年		平成2年
西暦 1994	甲戌	西暦 1991	辛未
	平成6年		平成3年
西暦 1995	乙亥	西暦 1992	壬申
	平成7年		平成4年

年盤表

<table>
<tr><td>西暦 1999</td><td>己卯</td><td>西暦 1996</td><td>丙子</td></tr>
<tr><td>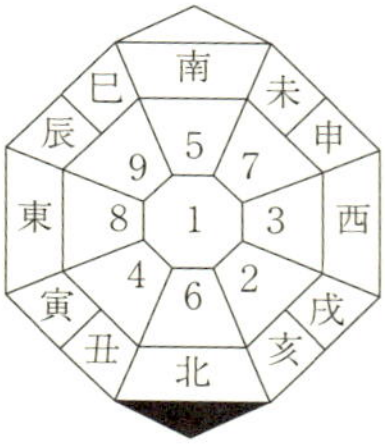</td><td>平成11年</td><td>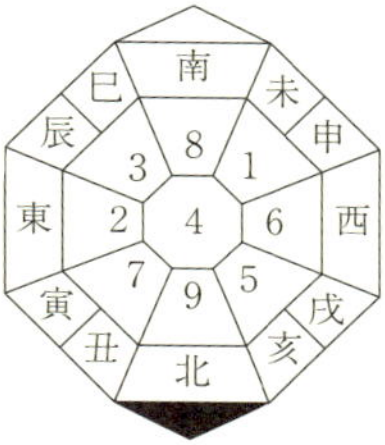</td><td>平成8年</td></tr>
<tr><td>西暦 2000</td><td>庚辰</td><td>西暦 1997</td><td>丁丑</td></tr>
<tr><td></td><td>平成12年</td><td>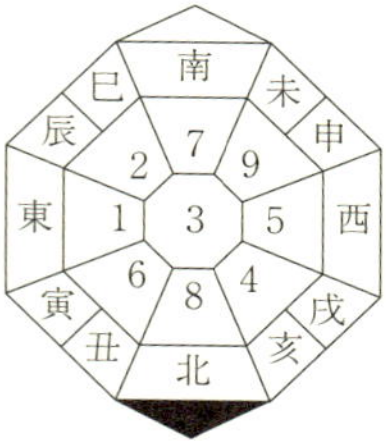</td><td>平成9年</td></tr>
<tr><td>西暦 2001</td><td>辛巳</td><td>西暦 1998</td><td>戊寅</td></tr>
<tr><td>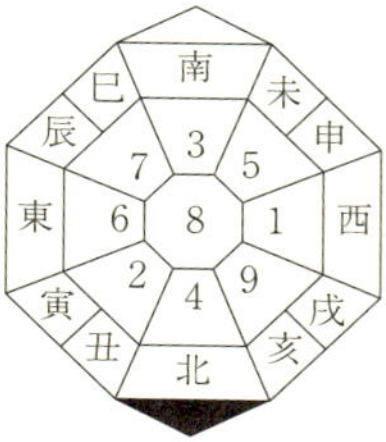</td><td>平成13年</td><td>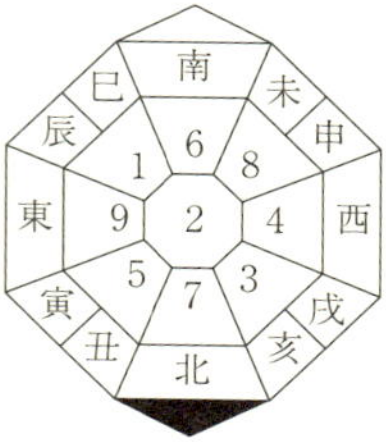</td><td>平成10年</td></tr>
</table>

年盤表

西暦 2005	乙酉	西暦 2002	壬午
	平成17年		平成14年
西暦 2006	丙戌	西暦 2003	癸未
	平成18年		平成15年
西暦 2007	丁亥	西暦 2004	甲申
	平成19年		平成16年

年盤表

<table>
<tr><td>西暦 2011</td><td>辛卯</td><td>西暦 2008</td><td>戊子</td></tr>
<tr><td>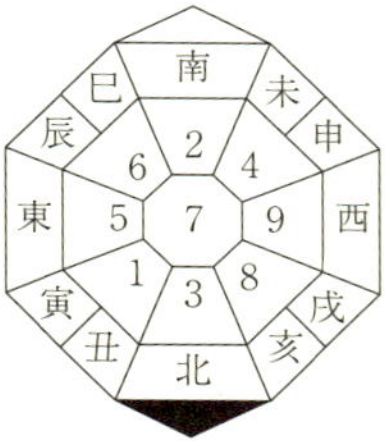</td><td>平成23年</td><td>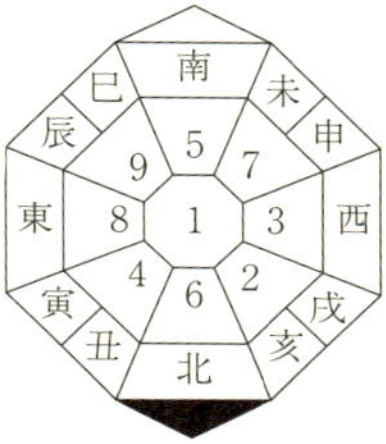</td><td>平成20年</td></tr>
<tr><td>西暦 2012</td><td>壬辰</td><td>西暦 2009</td><td>己丑</td></tr>
<tr><td></td><td>平成24年</td><td></td><td>平成21年</td></tr>
<tr><td>西暦 2013</td><td>癸巳</td><td>西暦 2010</td><td>庚寅</td></tr>
<tr><td></td><td>平成25年</td><td></td><td>平成22年</td></tr>
</table>

年盤表

西暦 2017	丁酉	西暦 2014	甲午
	平成29年		平成26年
西暦 2018	戊戌	西暦 2015	乙未
	平成30年		平成27年
西暦 2019	己亥	西暦 2016	丙申
	平成31年		平成28年

年盤表

<table>
<tr><td>西暦 2023</td><td>癸卯</td><td>西暦 2020</td><td>庚子</td></tr>
<tr><td>
</td><td>平成35年</td><td>
</td><td>平成32年</td></tr>
<tr><td>西暦 2024</td><td>甲辰</td><td>西暦 2021</td><td>辛丑</td></tr>
<tr><td>
</td><td>平成36年</td><td>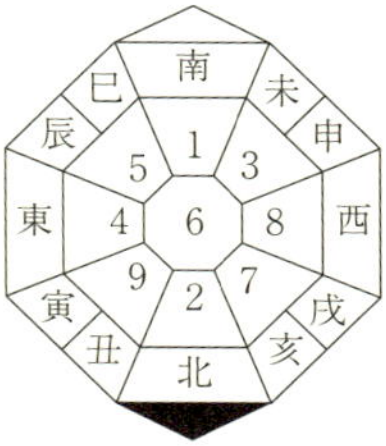
</td><td>平成33年</td></tr>
<tr><td>西暦 2025</td><td>乙巳</td><td>西暦 2022</td><td>壬寅</td></tr>
<tr><td>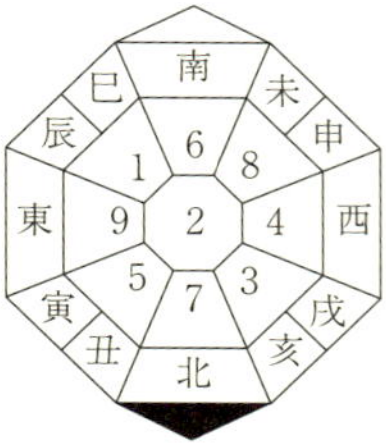
</td><td>平成37年</td><td>
</td><td>平成34年</td></tr>
</table>

年盤表

<table>
<tr><td>西暦 2029</td><td>己酉</td><td>西暦 2026</td><td>丙午</td></tr>
<tr><td></td><td>平成41年</td><td></td><td>平成38年</td></tr>
<tr><td>西暦 2030</td><td>庚戌</td><td>西暦 2027</td><td>丁未</td></tr>
<tr><td></td><td>平成42年</td><td></td><td>平成39年</td></tr>
<tr><td>西暦 2031</td><td>辛亥</td><td>西暦 2028</td><td>戊申</td></tr>
<tr><td></td><td>平成43年</td><td></td><td>平成40年</td></tr>
</table>

年盤表

西暦 2035	乙卯	西暦 2032	壬子
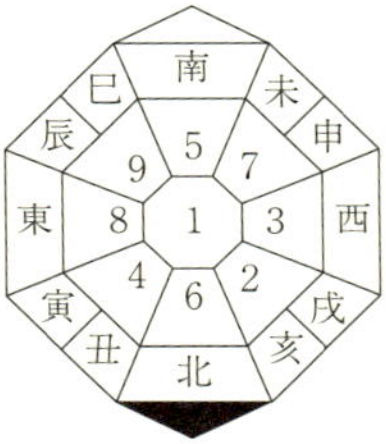	平成47年		平成44年
西暦 2036	丙辰	西暦 2033	癸丑
	平成48年		平成45年
西暦 2037	丁巳	西暦 2034	甲寅
	平成49年		平成46年

年盤表

<table>
<tr><td>西暦 2041</td><td>辛酉</td><td>西暦 2038</td><td>戊午</td></tr>
<tr><td>
</td><td>平成53年</td><td>
</td><td>平成50年</td></tr>
<tr><td>西暦 2042</td><td>壬戌</td><td>西暦 2039</td><td>己未</td></tr>
<tr><td>
</td><td>平成54年</td><td>
</td><td>平成51年</td></tr>
<tr><td>西暦 2043</td><td>癸亥</td><td>西暦 2040</td><td>庚申</td></tr>
<tr><td>
</td><td>平成55年</td><td>
</td><td>平成52年</td></tr>
</table>

月盤表

ある月の九星の位置を示すのが月盤である。
各年毎の十二支によって月盤は

1子・卯・午・酉年用
2丑・辰・未・戌年用
3寅・巳・申・亥年用

と三種にわかれているので注意が必要である。
ある個人の生まれた月の月盤の中央にいる星が個人の月命星である。

1　子・卯・午・酉年の月盤表

2月4～5日から
3月5～6日まで

寅旧正月節　立春
から啓蟄前日まで

3月5～6日から
4月4～5日まで

卯旧二月節　啓蟄
から清明前日まで

4月5～6日から
5月5～6日まで

辰旧三月節　清明
から立夏前日まで

5月5～6日から
6月6～7日まで

巳旧四月節　立夏
から芒種前日まで

6月6～7日から
7月6～7日まで

午旧五月節　芒種
から小暑前日まで

7月6～7日から
8月7～8日まで

未旧六月節　小暑
から立秋前日まで

1　子・卯・午・酉年の月盤表

11月7～8日から
12月7～8日まで

亥　旧十月節　立冬
から大雪前日まで

8月7～8日から
9月7～8日まで

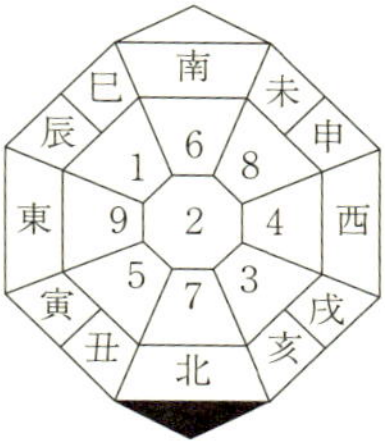

申　旧七月節　立秋
から白露前日まで

12月7～8日から
翌年1月5～6日まで

子　旧十一月節　大雪
から小寒前日まで

9月7～8日から
10月7～8日まで

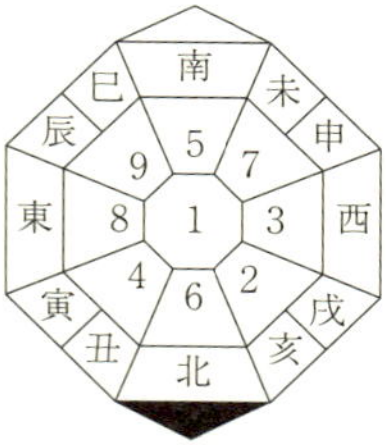

酉　旧八月節　白露
から寒露前日まで

翌年1月5～6日から
2月2～4日まで

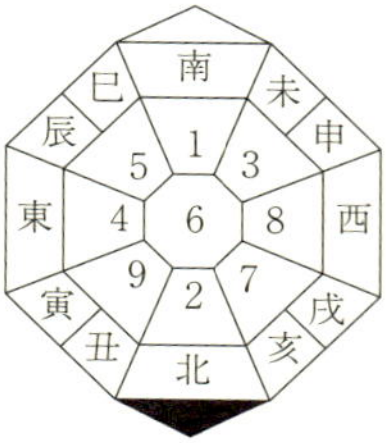

丑　旧十二月節　小寒
から立春前日まで

10月7～8日から
11月7～8日まで

戌　旧九月節　寒露
から立冬前日まで

2　丑・辰・未・戌年の月盤表

寅旧正月節　立春から啓蟄前日まで

2月4～5日から
3月5～6日まで

卯旧二月節　啓蟄から清明前日まで

3月5～6日から
4月4～5日まで

辰旧三月節　清明から立夏前日まで

4月5～6日から
5月5～6日まで

巳旧四月節　立夏から芒種前日まで

5月5～6日から
6月6～7日まで

午旧五月節　芒種から小暑前日まで

6月6～7日から
7月6～7日まで

未旧六月節　小暑から立秋前日まで

7月6～7日から
8月7～8日まで

2　丑・辰・未・戌年の月盤表

8月7～8日から
9月7～8日まで

申旧七月節　立秋
から白露前日まで

9月7～8日から
10月7～8日まで

酉旧八月節　白露
から寒露前日まで

10月7～8日から
11月7～8日まで

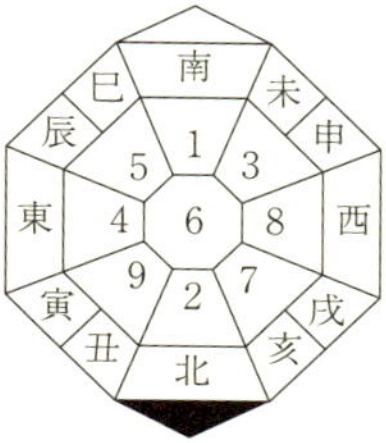

戌旧九月節　寒露
から立冬前日まで

11月7～8日から
12月7～8日まで

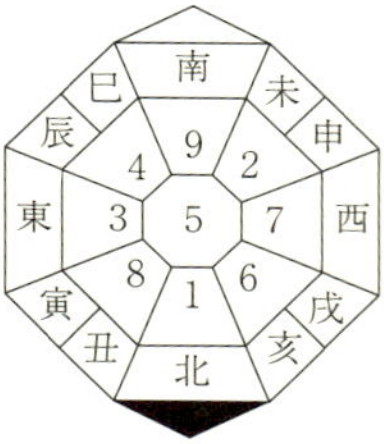

亥旧十月節　立冬
から大雪前日まで

12月7～8日から
翌年1月5～6日まで

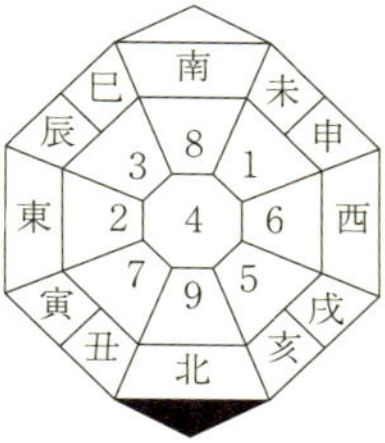

子旧十一月節　大雪
から小寒前日まで

翌年1月5～6日から
2月3～4日まで

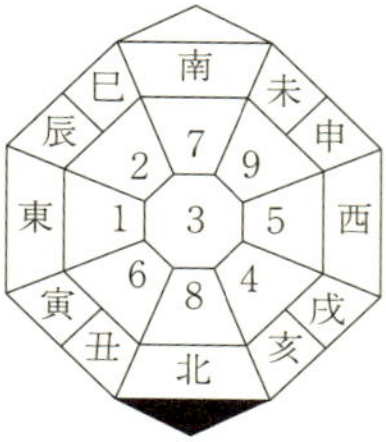

丑旧十二月節　小寒
から立春前日まで

3　寅・巳・申・亥年の月盤表

2月4〜5日から
3月5〜6日まで

寅旧正月節 立春
から啓蟄前日まで

3月5〜6日から
4月4〜5日まで

卯旧二月節 啓蟄
から清明前日まで

4月5〜6日から
5月5〜6日まで

辰旧三月節 清明
から立夏前日まで

5月5〜6日から
6月6〜7日まで

巳旧四月節 立夏
から芒種前日まで

6月6〜7日から
7月6〜7日まで

午旧五月節 芒種
から小暑前日まで

7月6〜7日から
8月7〜8日まで

未旧六月節 小暑
から立秋前日まで

3　寅・巳・申・亥年の月盤表

申 旧七月節　立秋から白露前日まで

8月7〜8日から
9月7〜8日まで

酉 旧八月節　白露から寒露前日まで

9月7〜8日から
10月7〜8日まで

戌 旧九月節　寒露から立冬前日まで

10月7〜8日から
11月7〜8日まで

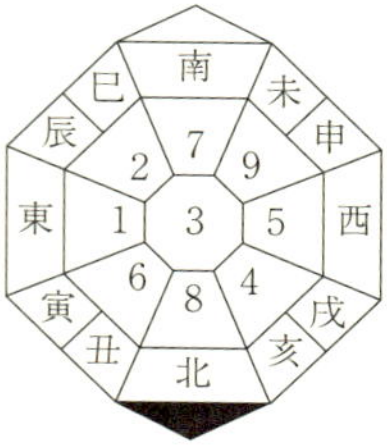

亥 旧十月節　立冬から大雪前日まで

11月7〜8日から
12月7〜8日まで

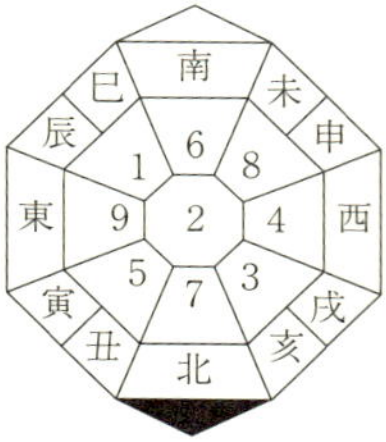

子 旧十一月節　大雪から小寒前日まで

12月7〜8日から
翌年1月5〜6日まで

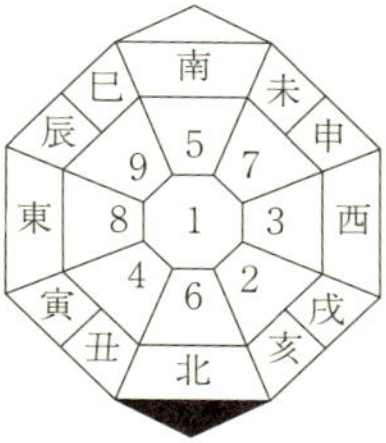

丑 旧十二月節　小寒から立春前日まで

翌年1月5〜6日から
2月3〜4日まで

あとがき

数年前から大学と自治体の市民講座で、占のコマを持つようになった。

占といっても、教育機関や自治体で公的な講座として行うのであるから、占の方法の教示やトレーニングに主眼があるわけではない。占の歴史を辿り、社会学や心理学などの視点から、いくつかの占について解説する。その基礎の上で、実際の方法の一部を学んでもらっていたのである。

本書はそれらの内容をまとめたものである。占の技術と方法を身につけるだけでなく、占の背景にある理論、認識や歴史にまで思いを広げていただければ幸である。

占に関する本というと、中国古代文献から説きおこすアカデミックで荘重重厚なものと、手軽な実用書に二分されるように思う。本書はその中間に位置出来るよう心がけた。


なお、出版を勧めて下さり、怠惰な私の過程にお付き合い下さった目白大学の橋詰静子氏、三弥井書店の吉田智恵氏に心より御礼申し上げます。

二〇一一年　九月

棚木恵子

著者略歴

棚木恵子（たなき　けいこ）

早稲田大学教育学部卒業。早稲田大学文学研究科大学院博士課程単位取得退学。早稲田大学非常勤講師、コロンビア大学客員研究員を経て目白大学非常勤講師。臨床心理士。専攻　古代文学、臨床心理学。

占《ウラナイ》の文化誌―ウラ世界の不思議

平成24年9月19日　初版発行
平成28年9月1日　初版二刷発行

定価はカバーに表示してあります。

著者　棚木恵子
発行者　吉田栄治
印刷所　藤原印刷
発行所　三弥井書店
〒108-0073　東京都港区三田3-2-39
電話　03-3452-8069　振替東京8-21125

ISBN978-4-8382-3236-9　C0039